宠物店
赚钱妙招

陈 美 ◎ 编著

广东经济出版社

· 广州 ·

图书在版编目（CIP）数据

宠物店赚钱妙招 / 陈美编著. -- 广州：广东经济出版社，2025.4
ISBN 978-7-5454-9437-2
Ⅰ.F717.5
中国国家版本馆CIP数据核字第2024K4A947号

责任编辑：蒋先润
责任校对：黄思健
责任技编：陆俊帆

宠物店赚钱妙招
CHONGWU DIAN ZHUANQIAN MIAOZHAO

出 版 人	刘卫平
出版发行	广东经济出版社（广州市水荫路11号11～12楼）
印　　刷	珠海市国彩印刷有限公司
	（珠海市金湾区红旗镇虹晖三路北侧，永安一路西侧）

开　本：730mm×1020mm　1/16	印　张：16
版　次：2025年4月第1版	印　次：2025年4月第1次
书　号：ISBN 978-7-5454-9437-2	字　数：332千字
定　价：58.00元	

发行电话：（020）87393830
如发现印装质量问题，请与本社联系，本社负责调换
版权所有·翻印必究

前言

开店创业是很多人的梦想和事业的起点,创业者都希望能成功开店,但是又不懂得如何开店,给自己的生意带来大量不确定因素和风险。因此,开店创业是一个需要在理论上与实践上不断学习和提升的过程。

开宠物店,创业门槛不高,投资额不大,投资回报率较高。不管是加盟连锁方式还是个人创业开单店方式,开宠物店都具有可行性,是开店创业值得考虑的选择。

然而,投资开店并不是一蹴而就的事,要经过详细且严谨的筹划,精打细算之后,才能正式运营。许多加入宠物店行业的创业者、经营者、管理者并不知道如何去实际运作。

开宠物店并不简单,不是有资金就可以把宠物店开好并持续经营下去,而是要对自己有足够的认识,要具备必要的开店创业素质和开店创业知识,熟知行业常识,了解相应的店面管理及推广知识等。笔者根据多年的实战经验并借鉴同行的心得,编著了《宠物店赚钱妙招》一书,以供读者学习和参考。

本书由10章组成,具体包括开店认知、开店筹划、店铺选址、店铺装修、开业筹备、商品管理、环境管理、员工管理、营销推广、客户服务。本书图文并茂,穿插大量的温馨提示、案例和相关链接,内容丰富、实用性强,可供宠物店的创业者、经营者、管理者,以及有志于从事宠物店工作的人士学习和参考。

由于笔者水平有限,书中难免出现疏漏,敬请读者批评指正。

陈美
2025年春

目 录

第一章　开店认知

第一节　了解行情，分析市场现状……………………………………3
　一、宠物行业发展现状……………………………………………3
　　　相关链接　2023—2024年中国宠物行业市场分析…………4
　二、宠物行业市场产业链…………………………………………5
　三、宠物行业发展前景……………………………………………7

第二节　了然于胸，认识常见宠物……………………………………9
　一、宠物狗…………………………………………………………9
　二、宠物猫…………………………………………………………15

第二章　开店筹划

第一节　展开调查，进行商圈分析……………………………………23
　一、商圈市场调查…………………………………………………23
　二、商圈地理调查…………………………………………………24
　三、商圈环境调查…………………………………………………25
　四、商圈的设定……………………………………………………27

第二节　了解需求，定位目标市场……………………………………29
　一、消费群体定位…………………………………………………29
　二、市场需求定位…………………………………………………30
　三、产品和服务特色定位…………………………………………31
　四、客户体验定位…………………………………………………31

I

第三节　明确范围，确定经营方向……………………………32
　　一、确定宠物店的经营方向需要考虑的因素……………33
　　二、宠物店的主要盈利方式………………………………34

第四节　规避风险，选择合适的经营模式……………………37
　　一、个人全资经营…………………………………………38
　　二、合伙经营………………………………………………39
　　三、加盟连锁经营…………………………………………40

第五节　做好预算，筹集开店资金……………………………43
　　一、预测启动资金…………………………………………43
　　　　相关链接　开宠物美容店的预算……………………45
　　二、筹集启动资金…………………………………………47

第三章　店铺选址

第一节　科学选址，遵循五大原则……………………………51
　　一、考虑前瞻性……………………………………………51
　　二、注意租金的性价比……………………………………51
　　三、广开渠道寻找店铺……………………………………51
　　四、"团租"方式经济实惠…………………………………51
　　五、客流就是"钱流"………………………………………52

第二节　合理选址，考虑八大要素……………………………52
　　一、地理位置………………………………………………52
　　二、税收政策………………………………………………52
　　三、消费群体………………………………………………52
　　四、场所大小………………………………………………53
　　五、场所成本………………………………………………53
　　六、营业时间………………………………………………53
　　七、周围竞争状况…………………………………………54
　　八、场所设施状况…………………………………………54

第三节　正确选址，讲究四大策略……………………………54
　　一、好处独享策略……………………………………………55
　　二、比肩共存策略……………………………………………55
　　三、鹤立鸡群策略……………………………………………55
　　四、搭顺风车策略……………………………………………55
　　　　相关链接　适合开宠物店的地方…………………………55

第四节　谨慎选址，避开十大误区……………………………56
　　一、迷信黄金地段……………………………………………56
　　二、不顾形象，徒求销量……………………………………56
　　三、盲目进入市场饱和区……………………………………57
　　四、偏离商圈定位……………………………………………57
　　五、被客流量的表象迷惑……………………………………57
　　六、缺乏借势意识……………………………………………57
　　七、广告空间考虑不足………………………………………57
　　八、忽视顾客休息区…………………………………………57
　　九、低估消费习惯对购买的影响力…………………………58
　　十、不考察商业环境的未来变迁……………………………58
　　　　案例　精心选址赢口碑……………………………………58

第四章　店铺装修

第一节　外观设计，反映店铺特色……………………………63
　　一、店名设计…………………………………………………63
　　二、logo设计…………………………………………………64
　　三、招牌设计…………………………………………………65

第二节　色彩搭配，营造温馨氛围……………………………66
　　一、色彩搭配的原则…………………………………………67
　　二、整体色调的选择…………………………………………67

第三节　内部装修，注重质感细节……………………………68
　　一、装修材料的选择…………………………………………68

二、装修的细节 …………………………………………… 68

第四节　规划布局，合理利用空间 ………………………………… 69

　　　一、收银台 ………………………………………………… 69
　　　二、美容接待室 …………………………………………… 69
　　　三、美容工作区 …………………………………………… 70
　　　四、休息区 ………………………………………………… 71
　　　五、店面死角 ……………………………………………… 72

第五节　功能设计，突出方便实用 ………………………………… 72

　　　一、灯光安排 ……………………………………………… 72
　　　二、排风系统 ……………………………………………… 72
　　　三、排污系统 ……………………………………………… 73
　　　四、电力系统 ……………………………………………… 73
　　　五、地漏及防滑系统 ……………………………………… 73
　　　六、音乐系统 ……………………………………………… 73
　　　　　相关链接　宠物店装修注意事项 ………………… 74
　　　　　案例　老店装修，焕然一新 ……………………… 75

第五章　开业筹备

第一节　办理手续，让店铺身份合法 ……………………………… 79

　　　一、选择企业经营组织形态 ……………………………… 79
　　　二、办理营业执照 ………………………………………… 79
　　　三、申请许可证 …………………………………………… 80
　　　四、注册商标 ……………………………………………… 80
　　　五、开立对公账户 ………………………………………… 80
　　　六、申领发票 ……………………………………………… 80

第二节　购买设备，让店铺正常运转 ……………………………… 81

　　　一、设备需求评估 ………………………………………… 81
　　　二、选择合适的设备品牌和供应商 ……………………… 81

三、设备维护和更新……………………………………81
　　　　　相关链接　宠物店的常用设备………………………81

第三节　打通渠道，让店铺货源充足………………………83
　　　一、常见的采购渠道……………………………………83
　　　二、采购质量控制………………………………………85
　　　三、采购注意事项………………………………………85

第四节　大力宣传，为店铺开业造势………………………86
　　　一、开业活动的准备工作………………………………87
　　　二、开业活动的宣传方式………………………………88
　　　三、开业活动的造势方式………………………………90
　　　　　相关链接　宠物店开业前如何做宣传………………91
　　　四、举办开业活动………………………………………92

第六章　商品管理

第一节　精心陈列，突出商品优势…………………………97
　　　一、系列化陈列…………………………………………97
　　　二、对比式陈列…………………………………………98
　　　三、重复性陈列…………………………………………98
　　　四、层次性陈列…………………………………………98
　　　五、广告性陈列…………………………………………99
　　　　　相关链接　宠物服装的陈列方式……………………100

第二节　综合考量，制定商品价格…………………………101
　　　一、影响定价的因素……………………………………101
　　　二、定价的方法…………………………………………103
　　　三、定价的策略…………………………………………104
　　　四、定价的注意事项……………………………………106

第三节　去劣存优，优化商品结构…………………………107
　　　一、商品结构的组成……………………………………107

二、合理的商品结构的意义 ……………………………… 108
　　三、调整商品结构的策略 ………………………………… 109

第四节　及时补货，确保商品充足 ……………………………… 111
　　一、抓住市场需求，迅速补充货源 ……………………… 112
　　二、坚持少量多次进货 …………………………………… 112
　　三、合理把控品种与数量 ………………………………… 112
　　四、挑选合适的进货时间 ………………………………… 113
　　五、使用专业的补货系统或软件 ………………………… 113

第七章　环境管理

第一节　做到清新，加强气味管理 ……………………………… 117
　　一、异味的来源 …………………………………………… 117
　　二、去除异味的方法 ……………………………………… 118

第二节　确保整洁，做好卫生管理 ……………………………… 120
　　一、建立卫生管理制度 …………………………………… 121
　　二、做好卫生检查 ………………………………………… 122

第三节　保持安静，减少噪声干扰 ……………………………… 124
　　一、声音隔离 ……………………………………………… 124
　　二、噪声监测 ……………………………………………… 125
　　三、区域分隔 ……………………………………………… 126
　　四、设备维护 ……………………………………………… 127

第四节　提高警惕，排除安全隐患 ……………………………… 129
　　一、配备安全设施 ………………………………………… 129
　　二、做好安全培训 ………………………………………… 131
　　三、定期开展安全巡查 …………………………………… 132
　　　　案例　××宠物店安全守护行动 ………………… 134

第八章　员工管理

第一节　明确需求，招聘合适员工……………………………139
  一、确定招聘需求……………………………………………139
  二、编写职位描述……………………………………………140
  三、发布招聘广告……………………………………………141
  四、筛选简历…………………………………………………143
  五、面试评估…………………………………………………144
  六、背景调查…………………………………………………146
  七、商谈报酬和福利…………………………………………147
  八、发出录用通知……………………………………………149

第二节　加强培训，提升服务质量……………………………150
  一、宠物知识培训……………………………………………150
  二、顾客服务培训……………………………………………151
  三、美容技术培训……………………………………………152
  四、训练技巧培训……………………………………………153
  五、卫生与安全培训…………………………………………154
  六、产品知识培训……………………………………………155
    案例　××宠物店员工成长之路……………………156

第三节　完善福利，提高员工待遇……………………………157
  一、薪酬福利…………………………………………………158
  二、健康保险…………………………………………………158
  三、假期和休假………………………………………………159
  四、职业福利…………………………………………………160
  五、社交福利…………………………………………………161

第四节　设定目标，实施绩效评估……………………………161
  一、设定明确的目标…………………………………………162
  二、绩效评估…………………………………………………163
  三、绩效沟通…………………………………………………165
  四、绩效考核记录……………………………………………167

第九章　营销推广

第一节　社群营销，聚拢消费群体 ·· 171
　　一、建群的作用 ·· 171
　　二、社群营销的策略 ·· 172
　　三、社群运营的对策 ·· 173
　　　　案例　通过社群预售，7天卖出2万多元的驱虫药 ············ 175

第二节　会员营销，提高客户忠诚度 ·· 175
　　一、会员营销的策略 ·· 176
　　二、吸引顾客办理会员 ·· 177
　　三、提高会员的参与度 ·· 178
　　　　案例　××宠物店实施会员闭环管理，利润增长30% ········ 179

第三节　口碑营销，获取潜在顾客 ·· 179
　　一、口碑营销的策略 ·· 180
　　二、口碑营销的注意事项 ·· 181
　　　　案例　××宠物店口碑营销策略 ·· 182

第四节　线上推广，实现业绩倍增 ·· 183
　　一、建立专业网站 ·· 184
　　二、搜索引擎优化 ·· 185
　　三、开展内容营销活动 ·· 185
　　四、线上广告投放 ·· 187

第五节　微信推广，实现精准营销 ·· 188
　　一、微信推广的原则 ·· 188
　　二、微信推广的步骤 ·· 188
　　三、微信推广的定位 ·· 189
　　四、微信推广的内容 ·· 190
　　五、及时与用户互动 ·· 190
　　　　相关链接　宠物店微信推广的技巧 ···································· 190

第六节　短视频+直播，创新营销方式 …… 192
一、短视频营销的步骤 …… 192
二、短视频营销的策略 …… 194
相关链接　如何制作有趣的短视频 …… 195
三、直播营销的步骤 …… 197
四、直播营销的方式 …… 198

第七节　花样促销，轻松引爆客流 …… 199
一、折扣促销 …… 199
二、买赠活动 …… 200
三、限时特价 …… 202
四、新品推广 …… 203
案例　××宠物店新品首发周，多渠道推广 …… 204
五、节日促销 …… 205
六、合作促销 …… 206

第十章　客户服务

第一节　顾客到店，应该热情接待 …… 211
一、接待顾客的要求 …… 211
二、接待顾客的技巧 …… 212
相关链接　宠物店顾客分析 …… 213

第二节　面面俱到，提供优质服务 …… 214
一、提供个性化服务 …… 214
二、提供增值服务 …… 216
三、定期举办活动 …… 218
相关链接　宠物店定期举办活动的注意事项 …… 220
四、关注顾客体验 …… 220

第三节　售后服务，做到周到细致 …… 222
一、建立售后服务渠道 …… 222

二、提供产品保修服务 223
　　三、制定退换货标准 225
　　　　相关链接　顾客要求退换货时，该如何处理 226
　　四、提供售后咨询 227
　　五、开展顾客培训 228
　　六、定期回访 230
　　　　案例　优质的售后服务令顾客满意 232

第四节　顾客投诉，必须迅速处理 233
　　一、引起顾客投诉的原因 233
　　二、正确对待顾客的投诉 233
　　三、处理顾客投诉的方法 234
　　　　相关链接　如何正确对待顾客的投诉 236

第五节　顾客信息，及时整理归档 237
　　一、顾客信息管理的内容 237
　　二、顾客信息收集的渠道 237
　　三、顾客信息的维护 238
　　四、顾客信息的应用 239

第一章

开店认知

导　言

　　对于经营者而言，开设一家宠物店远非仅凭资金充裕便能完成的事情。其要求经营者具备深刻的自我认知，以及扎实的创业素养与专业知识（包括敏锐的市场洞察力、扎实的财务基础以及对相关法律法规的充分了解）。唯有如此，方能确保宠物店在激烈的竞争中脱颖而出，稳健运营。

第一节
了解行情，分析市场现状

宠物一般是指家庭饲养的、作为伴侣动物的狗、猫、淡水观赏鱼、鸟、爬行动物等。近年来，随着我国国民经济的快速发展、人均收入水平的提高以及消费理念的升级，我国宠物市场实现了快速发展。

一、宠物行业发展现状

宠物行业是指宠物食品、宠物医疗、宠物服装、宠物窝笼等与宠物有关的所有行业。随着产业集群、产业环境以及行业生态的日趋完善，我国宠物行业成为崛起中的新千亿赛道。

1. 宠物消费的快速增长

随着人们生活水平的提高和家庭结构的变化，越来越多的人选择养宠物作为家庭生活的一部分。宠物已不再是简单的伴侣，而是人们生活的重要组成部分。根据统计数据，全球范围内的宠物拥有率逐年上升。中国作为宠物市场潜力巨大的国家，也在不断增长的宠物消费中占据重要地位。人们不仅愿意为宠物购买食物、玩具，还愿意为宠物进行定制化的消费，包括购买床铺、美容用品等。

2. 宠物医疗保健的发展

随着宠物作为家庭成员的地位提升，人们对宠物的医疗保健需求也不断增加。宠物的健康和医疗保健成为人们关注的重点。宠物医疗设施逐渐完善，兽医服务水平提升，宠物医疗保健市场蓬勃发展。宠物保险、宠物健康检查等新兴领域也逐渐受到关注，为宠物提供了更全面的保障。

3. 宠物用品的多元化

随着人们对宠物生活品质的追求，宠物用品市场愈加多元化。人们不再仅满足于给宠物提供基本的食物和住所，还越来越注重宠物的生活品质。从宠物服装、宠物玩具到宠物床铺、宠物美容用品等，宠物用品市场呈现出多元化的特点，满足了人们对宠物生活的各种需求。

4. 宠物服务的创新

随着宠物行业的不断创新，涌现出一系列有特色的宠物服务。宠物托管、宠物美容等服务逐渐兴起，为宠物主人提供了更多选择。人们可以将自己的宠物寄养在专业的宠物酒店，或者为宠物预约专业的美容护理，使宠物能够得到更好的照顾和关爱。

5. 线上销售的崛起

随着电子商务的发展，线上宠物产品销售逐渐崭露头角，为人们提供了更加便捷的购物体验。人们通过在线商店可以购买到宠物食品、宠物用品、宠物药品等各类宠物产品，节省时间和精力。

2023—2024年中国宠物行业市场分析

由全国伴侣动物（宠物）标准化技术委员会、中国畜牧业协会宠物产业分会、中国兽医协会指导，派读宠物行业大数据平台出品的《2023—2024年中国宠物行业白皮书（消费报告）》指出了我国宠物行业的现状。

1. 总体市场规模增长减缓，但韧性十足

2023年，城镇宠物（犬猫）消费市场规模为2793亿元，较2022年增长3.2%，增长幅度进一步放缓。其中，宠物犬消费市场规模较2022年微增0.9%，宠物猫消费市场规模则持续稳定增长，较2022年增长6%。

2. 单只宠物年均消费出现下滑

2023年，单只宠物犬年均消费2875元，较2022年下降0.2%；单只宠物猫年均消费1870元，较2022年下降0.75%。

3. 犬猫数量实现"双升"，稳中向好仍是行业主基调

2023年，宠物犬数量为5175万只，较2022年增长1.1%；宠物猫数量为6980万只，较2022年增长6.8%。

4. 年轻宠主占比继续攀升，老年宠主占比下降

"90后""80后"宠主仍是养宠主力军，较2022年均有所上升。其中，"90后"上升2.1个百分点，"80后"上升10.8个百分点。"70后""70前"宠主占比有所下降，其中，"70后"下降8.1个百分点，"70前"下降3.5个百分点。

5. 宠主城市线分布呈"两端化"发展

一线、三线及以下城市宠主较2022年均有所上升。其中，一线城市宠主占比为28.9%，三线及以下城市宠主占比为30%。

6. 食品行业稳居"头牌"，细分市场有喜有忧

从消费结构看，2023年宠物食品市场仍是主要消费市场，市场份额为52.3%。主粮、零食相对稳定，营养品小幅上升。其次是宠物医疗市场，市场份额为28.5%，其中，药品、体检小幅上升，诊疗、疫苗有所下降。宠物用品、服务市场份额较低，分别为12.5%、6.8%，但有较大上升空间。

二、宠物行业市场产业链

宠物行业的市场产业链条覆盖宠物的全生命周期。从衣、食、住、行、医疗、玩乐等拟人需求来看，宠物行业的市场产业链近乎覆盖整个大消费赛道，涉及宠物的繁殖与交易，以及围绕宠物消费的产品和服务，包括宠物食品、宠物用品、宠物医疗、宠物美容等，如图1-1所示。

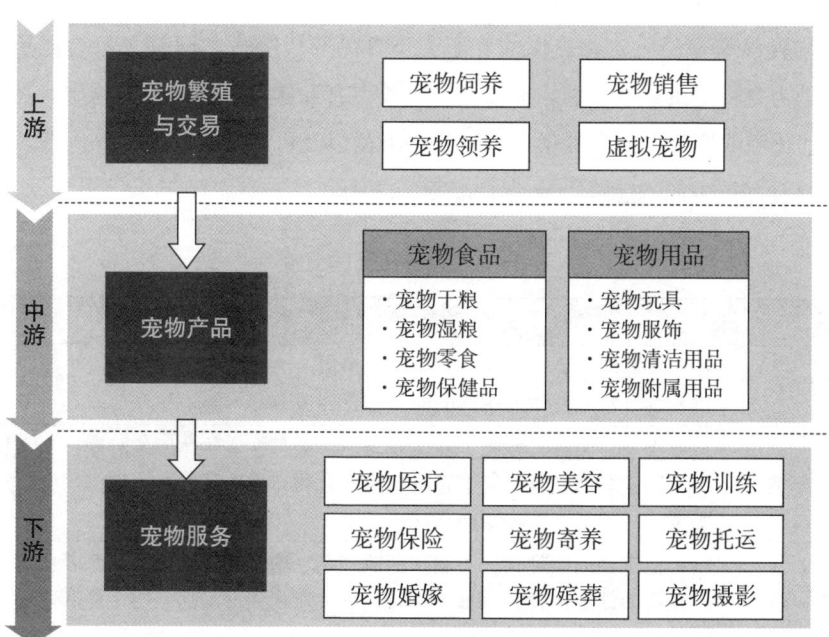

图1-1 宠物行业市场产业链

> **温馨提示**
>
> 宠物产业的特点为子行业种类众多，但其中一些子行业本身的市场规模相对较小，不容易培养客户黏性。宠物食品、宠物医疗是宠物行业中很大的两个细分领域，市场份额占比较高。

1. 上游——宠物繁殖与交易

作为宠物产业链上游的宠物繁殖与交易环节，主要从业者分为宠物养殖商和宠物活体交易商。其中，宠物养殖商专注于宠物的养殖，宠物主要售卖给宠物活体交易商；宠物活体交易商专注于宠物活体的交易，负责将宠物售卖给宠物主。但市场中两类企业区分并不明显，宠物养殖商大多会直接面向宠物主，部分宠物活体交易商也会从事宠物的养殖业务。

2. 中游——宠物产品

中游主要对应宠物食品、用品等宠物产品。随着人与宠物的关系日益紧密，宠物主人越来越注重宠物的生活品质，宠物产品种类也日渐丰富。

（1）宠物食品。

宠物食品是专门为宠物提供的介于人类食品与传统畜禽饲料之间的食品，其作用主要是为宠物提供最基础的生命保证、生长发育和健康所需的营养物质，具有营养全面、消化吸收率高、配方科学、饲喂使用方便以及可预防某些疾病等优点。

宠物食品可按照功能进行分类，如表1-1所示。

表1-1　宠物食品的分类

分类	具体说明
宠物主食	按照产品的形态和加工方式不同，可以分为干粮和湿粮两类，主要是用来提供宠物日常维持体能所需的能量和营养成分
宠物零食	包括肉干、肉条、咬胶、洁齿骨等，一般是在宠物休闲的时候，主人用来吸引宠物注意力或者是调节宠物口味的食物，主要帮助主人加深与宠物之间的感情，加强与宠物之间的互动
宠物保健品	指根据宠物的生理状况等制作的调理品，给宠物提供适当的营养成分，有利于宠物的健康发育和成长；同时，也可作为辅助治疗，用于患病宠物的身体恢复

（2）宠物用品。

宠物用品一般定义为仅供宠物使用的相关用品。常见的宠物用品包括宠物附属用品、宠物清洁用品、宠物服饰、宠物玩具等，如表1-2所示。

表1-2　宠物用品的分类

分类	具体说明
宠物附属用品	常见的附属用品主要有窝笼、窝垫、爬架、食具、饮水器等，主要是为了提高宠物的生活品质。一款好的宠物用品应当具备功能齐全、造型美观、价格实惠等特点
宠物清洁用品	主要有宠物香波、滴耳液、修毛刀、梳子、洁齿骨、牙刷、喷雾等，可以降低宠物发生疾病的概率，防治体内外寄生虫，保持毛色光泽
宠物服饰	包括衣帽、鞋子、项圈、牵引绳等，除了起到保护皮肤和抵御严寒的作用外，也可反映出主人的审美品位。兼具实用性和趣味性的服饰更易获得主人的青睐
宠物玩具	包括球类玩具、磨牙玩具、发声玩具、训练玩具等，可以用来逗弄宠物，防止宠物对家具、衣物的破坏，加强主人与宠物的互动。玩具种类丰富多样，不过基本要求是结实、耐用、不会被宠物误食

3. 下游——宠物服务

下游对应的宠物服务是向宠物提供满足其日常生活和心理需求的服务。越来越多的宠物主人愿意支付费用为他们的宠物提供如人一样的生活方式，这催生出更多的个性化服务。随着饲养宠物数量的激增，宠物服务行业潜在的市场容量也在不断增大。

三、宠物行业发展前景

如今，宠物行业不仅包括食品和玩具等传统产品，还反映了宠物主人更广泛的生活方式和文化爱好。消费者对宠物的关注及人性化趋势已成为宠物市场增长的核心，推动着产业创新并影响着行业发展。

1. 智能化和数字化发展

随着人工智能、物联网等技术的不断进步，宠物行业将迎来更多智能化和数字化的应用。智能宠物用品、宠物健康监测设备等将为宠物主人提供更多关于宠物健康、行为的数据和信息。通过手机应用程序，宠物主人可以随时随地监控宠物的状态，并做出适当的调整。

2. 高端定制化服务

随着人们对宠物服务需求的不断提升，定制化的宠物服务将逐渐流行。人们希望为自己的宠物提供更加个性化、专业化的服务。从定制化的宠物食品、宠物服装，到个性化的宠物医疗方案，人们将更多地追求与宠物的深度互动和关联。

3. 宠物健康与疾病预防

随着宠物医疗技术的创新，宠物健康与疾病预防将成为宠物行业未来的热点领域。人们将能够更好地管理宠物的健康，预防和治疗潜在疾病。宠物主人可以通过定期健康检查、营养均衡的食品以及科学合理的运动，为宠物的健康保驾护航。

4. 绿色环保和可持续发展

随着环保意识的增强，宠物行业也将朝着绿色环保和可持续发展的方向发展。有望出现更多环保友好的宠物产品，以减少对环境的影响。例如，可生物降解的宠物用品和有机宠物食品将逐渐受到宠物主人的青睐。

5. 文化融合和全球化

随着不同国家和地区的宠物养育方式的逐渐交汇，宠物行业将继续受到不同文化融合的影响。全球化的宠物市场将给宠物行业带来更多的机遇和挑战。人们可以从不同文化中吸取经验，为自己的宠物提供更好的生活。

6. 宠物教育和宠物文化推广

随着宠物行业的发展，人们对宠物的教育和宠物文化的推广也将变得更加重要。人们需要了解如何正确照顾宠物，了解宠物的行为和需求，为宠物提供更好的生活环境。宠物文化节、宠物主题展览等活动也将增加，促进宠物文化的传播和交流。

7. 社会责任和宠物福利保障

随着宠物行业的发展，社会将更加重视宠物福利保障。政府、非营利组织和企业将共同合作，制定更严格的宠物保护法律法规，确保宠物的权益得到充分保障。人们将更加关注流浪动物的收养和保护，为宠物创造更好的生活环境。

第二节
了然于胸，认识常见宠物

宠物是指人们为了消除孤寂或出于娱乐目的而豢养的动物。一般是哺乳纲或鸟纲的动物，因为这些动物脑子比较发达，容易与人产生交流。在所有宠物中，普遍饲养的是狗和猫，另外，鸟、鱼、龟、仓鼠、兔子等也被广泛饲养。这里主要介绍几种常见的宠物狗和宠物猫。

一、宠物狗

狗是一种有灵性的动物，已被人类驯化了几千年，其嗅觉灵敏、动作敏捷、善解人意、忠于主人。在很多国家，体形优美的狗早已成为最受喜爱的家庭宠物。

比较著名的宠物狗有：中华田园犬、西藏猎犬、藏獒、哈士奇、松狮犬、金毛犬、德国牧羊犬、雪纳瑞犬、大麦町犬、博美犬、吉娃娃、苏格兰牧羊犬、萨摩耶犬、可卡犬、拉布拉多猎犬、京巴犬、比熊犬、贵宾犬、马尔济斯犬、寻血猎犬、威尔士柯基犬、边境牧羊犬、阿拉斯加雪橇犬等。

下面简单介绍几种常见的宠物狗。

1. 贵宾犬

贵宾犬也称"贵妇犬"，又称"卷毛狗"，如图1-2所示。

从外形看，纯种的贵宾犬眼睛很黑，呈椭圆形，眼神敏锐，耳朵下垂且紧贴着头部，耳根位置齐平于或低于眼睛的水平线，长长的耳郭很宽，表面上覆盖着浓密的毛；口鼻长而直，唇部并不下垂，眼部下方略微凹陷，下颚不大也不小，轮廓很清晰，不尖细；牙齿坚固、咬合呈剪状。

从身形看，贵宾犬的脖子长度匀称，修长而结实，咽喉部的皮毛非常柔软，脖子上的毛很浓密。胸部宽阔而舒展，肋骨富有弹性。平滑的肌肉与头部、肩部相

图 1-2　贵宾犬

连。腰短而宽，结实而强壮，肌肉很匀称。尾巴是直的，位置高且向上翘着。

从体形来看，标准型贵宾犬肩高通常超过38厘米，迷你型贵宾犬肩高为29～38厘米，玩具型贵宾犬肩高为25～28厘米，茶杯型贵宾犬肩高通常小于20厘米。

> **温馨提示**
>
> 贵宾犬非常聪明，性情温良，极易亲近人类，同时也容易接受训练，是非常忠实的犬种。

2. 金毛犬

金毛犬又叫金毛寻回犬，是现在非常流行且现代感十足的犬种之一，如图1-3所示。它原本被作为单猎犬进行培育，专门用于猎捕野禽并寻回猎物，游泳的续航力极佳。

图1-3　金毛犬

金毛犬属大型犬，体形匀称强壮，眼睛大小适中、间距宽、深陷，眼神友善。最佳颜色为深棕色。被毛浓密而不透水，短毛层生长良好。外层被毛坚韧，贴近身体，垂直或蜷曲，但不会显得粗糙。头部、足掌及前肢被毛较短；前肢背部及腹部长有毛丛；脖子、大腿背及尾巴内侧被毛较茂密。毛色散发出金色光泽，脚及尾等位置的毛丛颜色较浅。金毛犬与黄色拉布拉多寻回犬在尺寸、体形以及毛色上颇为相似。

> **温馨提示**
>
> 金毛犬是猎人的伙伴与家庭宠物的完美结合,因其既拥有猎犬的优点又不失与孩童相处时的温顺。美丽的外表使它们在展示与比赛中备受青睐。

3. 哈士奇

哈士奇也就是西伯利亚雪橇犬,昵称为二哈。从体形来看,雄犬体重为20~27千克,雌犬体重为16~23千克,雄犬身高为53~58厘米,雌犬身高为51~56厘米,是一种中型犬。

哈士奇是古老犬种,主要生活在西伯利亚东北部以及格陵兰岛南部等寒冷地区。哈士奇名字的由来是其独特的嘶哑声。哈士奇性格多变,早期个体中有的极端胆小,也有的极端暴力,然而,经过长期且精心的选育与培育,进入家庭的哈士奇已经没有了这种极端的性格,比较温顺,是一种流行于全球的宠物犬。它与金毛犬、拉布拉多猎犬并列为三大无攻击性犬类,被世界各地广泛饲养,并且在全球范围内有大量该犬种的赛事。

4. 拉布拉多猎犬

拉布拉多猎犬是犬属中的一种家犬,它的别名有拉布拉多、拉拉、拉布拉多寻回犬,如图1-4所示。在美国犬业俱乐部中,拉布拉多猎犬是目前登记数量最多的品种。拉布拉多猎犬对小孩尤其友善,黏主人。

拉布拉多猎犬是一种中大型犬,天生个性温和,没有攻击性,智商高,是适合作为导盲犬或其他工作犬的犬种,跟金毛犬、哈士奇并列为三大无攻击性犬类。

拉布拉多猎犬聪明听话、容易训练、忠于主人、服从指挥,是最受欢迎和最值得信赖的家犬。但因该犬需要大运动量才能保证其正常成长,所以无法满足其每日跑动锻炼需求的家庭不要饲养。

图1-4 拉布拉多猎犬

5. 博美犬

博美犬是一种体形紧凑、短背、活跃的小型玩赏犬，如图1-5所示。学名哈多利系博美犬，是德国狐狸犬的一种，原产德国。

博美犬具有警惕的性格、灵动的表情、轻快的举止和好奇的天性。体形小巧可爱，适合当伴侣犬。友善亲切是博美犬的性格特点，它们在生活中非常活泼、调皮，非常容易融入家庭，而且通常情况下，它们会与一名家庭成员特别接近而视他为领袖。

图1-5 博美犬

6. 萨摩耶犬

萨摩耶犬别称萨摩耶，是狐狸犬家族的一员。萨摩耶犬原是西伯利亚的原住民萨摩耶族培育出的犬种，1岁前调皮、灵动。

萨摩耶犬有着非常引人注目的外表，体格强健却不轻易惹是生非。它们身披雪白的皮毛，配以仿佛总在微笑的脸和黑色而充满灵性的眼睛，因此被誉为"微笑天使"，是当今犬种中极为美丽的一种，如图1-6所示。萨摩耶犬身体非常强壮，跑动速度很快，是出色的守卫犬，但又是温和而友善的，很少制造麻烦。现在很多家庭都喜欢饲养萨摩耶犬，原因就在于这种犬能够很好地维护邻里关系。

图1-6 萨摩耶犬

萨摩耶犬的寿命一般在12～15岁之间，已知最长寿的是34岁。2～5岁是萨摩耶犬的壮年时期，7岁以后开始出现衰老的现象，10岁左右其生殖能力逐渐停止。

> **温馨提示**
>
> 萨摩耶犬活泼好动，喜欢与人做伴，并需要每日进行固定的运动，对环境的适应力强，对人友善、忠诚，可成为很好的聊天伙伴。

7. 边境牧羊犬

边境牧羊犬是犬科犬属中的一个犬种。边境牧羊犬以精力旺盛、体格精实且容易学习杂技运动而闻名，如图1-7所示。边境牧羊犬在犬类竞技与牧羊犬竞赛中往往表现亮眼，且被学界认为是最聪明的犬种。

边境牧羊犬的特点是聪明、学习能力强、理解力高、容易训练、善于与人类沟通、温和、忠诚、服从性高，其忠心程度可以用如影随形来形容。由于其温和忠诚的性格，一度成为城市家庭的宠儿。边境牧羊犬还是飞盘狗运动中最具竞争力的犬种，是历年飞盘狗世界杯大赛的主角。

图1-7　边境牧羊犬

8. 比熊犬

比熊犬（法语：Bichon Frisé，意指白色卷毛的玩赏用小狗）原产于地中海地区，是一种小型犬，原称巴比熊犬，后简化为比熊犬。

比熊犬性格友善、活泼，聪明伶俐，有优良的记忆力，会做各种各样的动作引人发笑，但对生人凶猛。由于它们长期与人们相伴，对人的依附性很强，非常友善，是很好的家庭伴侣犬。唯一不足的是要经常为它们梳洗打扮，日常养护占用时间较多。

整体外貌而言，比熊犬是小型犬，健壮，萌，蓬松的小尾巴贴在后背，有着一双充满好奇的黑色眼睛，如图1-8所示。

图1-8　比熊犬

> **温馨提示**
>
> 比熊犬性情温顺、敏感、顽皮而可爱，但对居住环境的要求较高，且需要经常有人陪伴，这两点得特别注意。

9. 中华田园犬

中华田园犬是中国本土犬种之一，肉食性不强，饮食偏杂食。与狼的外形非常相似，嘴短，额平，如图1-9所示。分布地域很广，主要分布于长城以南、青藏高原以东、以中部地区为中心的低海拔汉族聚居地。传统称呼为"土狗"，南方叫"草狗"，北方有的地方又叫"柴狗"。

中华田园犬性格比较温顺，不容易主动攻击人类，可以群居，地域性强，容易饲养，忠诚度高，不易生皮肤病。

图1-9　中华田园犬

> **温馨提示**
>
> 中华田园犬是中国汉族几千年农耕社会背景下的产物，是历史和文化的活化石，被部分人称为"中华国犬"。

10. 松狮犬

松狮犬属于犬亚科犬属中的犬种之一，是一种古老的犬种，来自中国华北。松狮犬作为一种独立品种，是很受人喜爱的宠物，如图1-10所示。

松狮犬是狗狗界的"萌神"，胖嘟嘟的身材、蓝紫色的舌头、可爱的表情，无不让其成为人们热衷饲养的宠物狗。松狮犬一般能活到12～16岁，出生后1～1.5年就可以长成成年犬。

图1-10　松狮犬

二、宠物猫

宠物猫是一种完美的动物，它们长得很可爱，喜欢独立生活，不会依赖主人，受到很多人的喜爱。

下面介绍几种常见的宠物猫。

1. 加菲猫

加菲猫一般指异国短毛猫，它的别称有很多，如外来种短毛猫、短毛波斯猫、异短等。

加菲猫除拥有浓密皮毛外，还保留了波斯猫独特的可爱表情与圆滚滚的体形，如图1-11所示。加菲猫的性格如波斯猫般文静、亲切，能慰藉主人的心，独立且不爱吵闹。

一方面，加菲猫好静，可爱，甜美，不拘小节及忠诚；另一方面，又与其他品种一样活泼及顽皮。

图 1-11　加菲猫

2. 波斯猫

波斯猫是最常见的长毛猫之一，如图1-12所示。它有讨人喜爱的面庞、长而华丽的背毛、优雅的举止，故有"猫中王子""王妃"之称，是广受爱猫者喜欢的一种纯种猫，在宠物猫中占有极其重要的地位。

波斯猫温文尔雅，风度翩翩，聪明敏捷，善解人意，少动好静，叫声尖细柔美，爱撒娇，天生一副娇生惯养之态，给人一种华丽高贵的感觉。波斯猫胆大好奇，喜欢与人亲近，容易调教，是一种深受人们喜爱的高贵宠物。

图 1-12　波斯猫

> **温馨提示**
>
> 一般来说，波斯猫的毛发需要饲养者每天花费15～30分钟的时间来梳理，不然就很容易纠结在一起，显得毛糙，进而严重影响其靓丽的外形。

3. 苏格兰折耳猫

苏格兰折耳猫属于基因突变的一个猫种。这种猫在软骨部分有一个折，使耳朵向前屈折，并指向头的前方，如图1-13所示。由于这种猫最初在苏格兰发现，所以以它的发现地和身体特征来命名。

苏格兰折耳猫平易近人、聪明，对其他的猫和狗很友好。性格温柔，感情丰富，有爱心，很贪玩，非常珍惜家庭生活。

图1-13 苏格兰折耳猫

4. 挪威森林猫

挪威森林猫，顾名思义，就是在挪威森林里生存的猫，斯堪的纳维亚半岛特有的品种，起源不明。挪威森林猫的祖先生长的环境非常寒冷和恶劣，所以，它们拥有比其他品种的猫更厚的被毛和更强壮的体格，如图1-14所示。

挪威森林猫性格内向，独立性强，聪颖敏捷，机灵警觉，行动谨慎，喜欢冒险和活动，且能抓善捕，善爬树攀岩，有"能干的狩猎者"之美誉。因此，挪威森林猫不适宜长期饲养在室内，最好饲养在有庭院和空间比较宽敞的家庭。

图1-14 挪威森林猫

5. 美国短毛猫

美国短毛猫是原产于美国的一种猫，其祖先为欧洲早期移民带到北美的猫种，与英国短毛猫和欧洲短毛猫同类。

该品种的猫是在街头巷尾收集来的猫当中进行选种，并和进口品种如英国短毛猫、缅甸猫和波斯猫等杂交培育而成。

美国短毛猫素以体格魁伟、骨骼粗壮、肌肉发达、生性聪明、性格温顺而著称，是短毛猫类中的大型品种，如图1-15所示。

图 1-15　美国短毛猫

温馨提示

美国短毛猫继承其祖先的健壮、勇敢和吃苦耐劳，性格温和，有耐心，和蔼可亲，不会乱发脾气，不喜欢乱吵乱叫，适合有小孩子的家庭饲养。

6. 虎斑猫

虎斑猫，原产于美国。

虎斑猫个性独立，活泼好动，对周围环境的改变非常敏感，对主人表现出极强的依赖性，一旦饲主变更，会对它们的心理产生不同程度的伤害。

虎斑猫很容易饲养，只要有适口的粮食和干净的饮用水，就可以快乐地生活。它们的自我调整功能也很完善，一般的小病小灾根本难不倒它们。

7. 伯曼猫

伯曼猫又称缅甸圣猫，如图1-16所示。传说最早由古代缅甸寺庙里的僧侣饲养，被视为护殿神猫。不过事实上，伯曼猫最早在法国被确定为固定品种，紧接着在英国也注册了这一品种。

伯曼猫温文尔雅，非常友善，叫声悦耳。温顺友好，渴求主人的宠爱，喜欢与主人玩耍，对其他猫也十分友好。它们一旦在新的环境中感到安全，便会展示出温柔与和善的

图 1-16　伯曼猫

性格。它们喜欢在地上活动，并不热衷于跳跃及攀爬，亦喜爱玩耍，但从不对饲主有所要求。爱干净，在舒适的家中生活很愉快，天气晴朗时也喜欢到庭院或花园里散步。

8. 狸花猫

狸花猫属于自然猫，原产地是中国。它们有非常漂亮的被毛、健康的身体，特别容易喂养，并且对捕捉老鼠十分在行，因此深受人们喜欢，如图1-17所示。

狸花猫性格独立，爱好运动，非常开朗。如果周围的环境出现改变，它们会表现得十分敏感。它们对主人的依赖性很强，如果给它们换主人，它们的心理会受到一定伤害。

图1-17 狸花猫

> **温馨提示**
>
> 在家庭中，狸花猫的喂养问题处理起来非常简单，只要有干净的清水与适合它的口粮就可以了，这就是它们过快乐生活的必备条件。

9. 布偶猫

布偶猫原产于美国，又称布拉多尔猫，是杂交品种，是现存体形最大、体重最重的猫之一，如图1-18所示。

布偶猫全身特别柔软，像软绵绵的布偶一样，性格温顺而恬静，对人非常友善，对疼痛的忍耐力相当强，常被误认为缺乏疼痛感。由于布偶猫非常能容忍孩子的玩弄，所以得名"布偶猫"，是非常理想的家庭宠物。它们可以和小孩、老人及狗和平相处，而且非常喜欢和人类待

图1-18 布偶猫

在一起，会兴奋地在门口迎接主人，并乐意跟在主人身边走来走去。

布偶猫是中长毛猫，虽然它们对温度不太敏感，但是也要为它们提供适宜温度且保持温度稳定的生存空间。

温馨提示

布偶猫是适合在室内饲养的猫，不过家里的养猫设备最好齐全，要配备猫抓板、猫爬架等，这样猫就不会想着去外面溜达。

10. 孟买猫

孟买猫又称小黑豹，是一个现代的猫品种，在1958年由美国育种学家用缅甸猫和美国的黑色短毛猫杂交培育而成，如图1-19所示。由于孟买猫外貌酷似印度豹，故以印度的都市孟买命名。1976年，孟买猫曾被爱猫者协会评选为冠军猫咪。目前这种性情温和、感情丰富、聪明伶俐的漂亮小猫越来越受到人们的欢迎。

孟买猫个性温顺柔和，稳重且好静，它们不怕生人，感情丰富，很喜欢和人亲热，当被人搂抱时，喉咙会不停地发出满足的呼噜声。此外，孟买猫聪明伶俐，反应灵敏，叫声轻柔悦耳，不过有时有些顽皮。

图1-19 孟买猫

温馨提示

健康的孟买猫眼睛亮而有神，当孟买猫体况不佳时往往会出现怕见光、易流泪的情况。

导　言

　　开店前期策划要求创业者一切从实际出发，灵活运用科学合理的操作方法，对店铺进行统筹规划。如果创业者想成功开一家宠物店，那么在前期筹备阶段务必做好各项工作，以保障宠物店的正常运营。

第一节
展开调查，进行商圈分析

不同类型、不同层次的商圈，适合不同的业态和经营方式。商圈调查的目的是通过分析商圈范围内客户、竞争对手情况以及可能影响销售的其他情况，来了解消费者的需求状况，并测定店铺未来的销售额。

一、商圈市场调查

通过商圈市场调查获得必要的市场信息是做好店铺市场营销工作的前提。商圈市场调查的两个主要对象如图2-1所示。

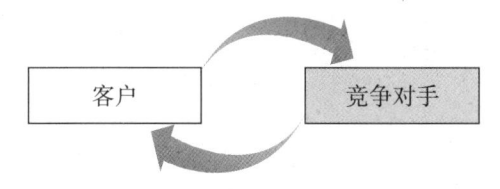

图 2-1　商圈市场调查的主要对象

1. 客户的调查

解决客户的问题，满足他们的需要，他们就会带给你更多营业额和利润，你的店铺就会成功。创业者应改变经营思路，从"怎么赚钱"转变为"我能帮助客户解决什么问题"。

了解客户的详细信息，有助于创业者进一步判断自己的店铺构想是否可行，为制定营销计划提供可靠依据。

收集客户的信息需依靠市场调查，可采取如图2-2所示的方法。

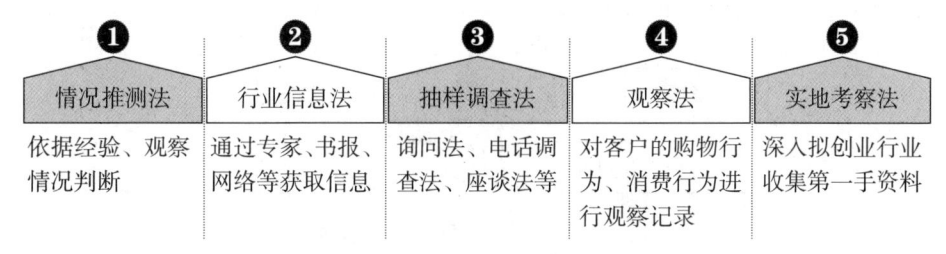

❶ 情况推测法	❷ 行业信息法	❸ 抽样调查法	❹ 观察法	❺ 实地考察法
依据经验、观察情况判断	通过专家、书报、网络等获取信息	询问法、电话调查法、座谈法等	对客户的购物行为、消费行为进行观察记录	深入拟创业行业收集第一手资料

图 2-2　收集客户信息的方法

2. 竞争对手的调查

你的店铺将与竞争对手争夺客户。只有了解竞争对手的优势、特点和不足，你才能明确自己在同行业中的位置，正确地确定本店的发展方向与目标。

了解竞争对手的产品或服务，主要包括以下内容：

◆价格怎样？

◆质量如何？

◆他们是如何推销的？

◆有什么样的额外服务？有做广告吗？

◆如何分销产品或者服务？

◆他们的员工受过训练吗？待遇如何？

◆他们的优势和劣势分别是什么？

除了以上内容外，还要了解竞争对手的社会背景、生活方式、经济状况、人品、管理能力等。

创业者可通过如图2-3所示的方法来了解竞争对手。

01 与竞争对手的客户、员工、供应商取得联系

利用行业渠道了解竞争对手的信息 02

03 利用亲朋好友了解竞争对手的信息

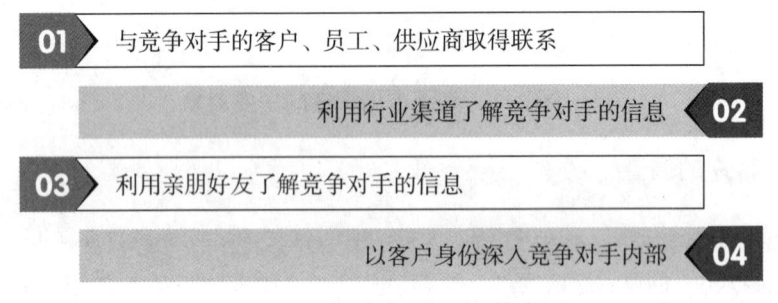

以客户身份深入竞争对手内部 04

图 2-3　了解竞争对手的方法

二、商圈地理调查

商圈地理调查的主要内容如图2-4所示。

销售潜力调查　　通客流量调查

门店成本调查　　与邻店关系调查

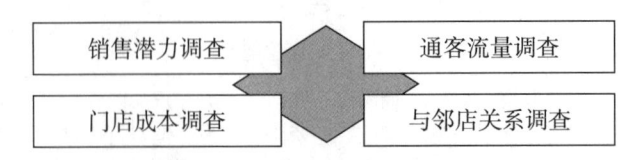

图 2-4　商圈地理调查的主要内容

1. 销售潜力调查

在商圈范围内，综合考虑人口特征、经济水平、竞争程度以及市场需求等多方面因素，将市场定位作为店铺发展战略的核心。在此基础上，评估预选店址的销售情况和增长潜力。

2. 通客流量调查

考察商圈内机动车、非机动车及行人的通行能力，公交线路的通行频率，机动车的保有量，停车位的多少及分布，步行者来店是否方便，以及道路的规划改造情况等。

3. 与邻店关系调查

如果店铺在市场定位上互相补充，多家店铺聚集，会更加吸引顾客；而如果店铺在市场定位上与其他店铺相似、业态相同，则会引起激烈竞争。竞争本是好事，能丰富商品种类与提高服务质量，并使消费者减少支出，但在有限区域内，过多和过于激烈的竞争却会使店铺付出极大的代价。

4. 门店成本调查

店铺的租赁或购买成本，对其经营具有决定性意义。

> **温馨提示**
>
> 在为宠物店做商圈地理调查时，除了依据有关书面资料外，还有必要进行深入的市场调查。这包括对预选店址周边居民做问卷调查或其他形式的调查，以掌握该地区居民的消费心理和习惯，从而确保店铺选址与目标顾客的需求高度吻合。

三、商圈环境调查

商圈环境调查的主要内容如图2-5所示。

人口结构调查 → 宏观条件调查 → 购买力需求调查 → 文化背景调查 → 基础设施状况调查

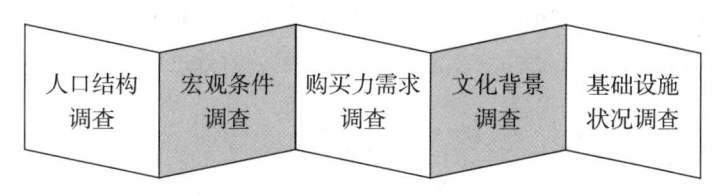

图2-5 商圈环境调查的主要内容

1. 人口结构调查

侧重对预开店区域内人口增长率、人口密度、收入情况、家庭特点、年龄分布、学历及职业构成等方面的现状和发展趋势做调研。对这些统计资料的分析，有利于把握区域内未来人口构成的变动倾向，并为市场细分提供有用的第一手信息。

2. 宏观条件调查

宠物的喂养是一种高消费，易受宏观经济的影响。商圈宏观条件调查涉及的主要宏观经济指标有区域内地区生产总值、利率水平、就业率及一般经济状况等。宠物店属劳动密集型的第三产业，就业率能影响销售人员的质量和数量，进一步影响消费者的购买倾向；而一个国家或地区生产总值的增长，一般会反映到对各种商品的购买和储蓄额的增长上；利率水平会影响企业的运作成本和消费者的购买成本，当利率上升时，宠物店维持正常库存的货款成本增加，同时，消费者购买商品的费用增加。

3. 购买力需求调查

对宠物及其用品的需求直接影响宠物店的选址。消费者不仅要有主观购买需求，还要有足够的购买力。这涉及区域内经济结构是否合理、区域的经济稳定性、在较长时间内居民收入的增长可能性等。

4. 文化背景调查

区域内居民的价值观念、历史传统、民族等文化背景也会影响消费者购买宠物及其用品的种类。有些地区的文化背景较单一，而有些地区的文化背景较复杂，如多民族聚居地区。对文化背景的深入调查使得宠物产品在进入市场前能够明确如何适应不同文化环境，并进一步考虑店铺如何实施文化渗透策略，特别是针对青少年和儿童消费群体的措施。

5. 基础设施状况调查

区域内的基础设施为市场的正常运作提供了基本保障。宠物店的经营需要相应的配送系统，这与区域内交通、通信状况密切相关。有效的配送需要良好的交通设施和顺畅的通信系统。

此外，区域地理调查可以借助地理信息系统，将数据库中的自然地理要素、行政区划和有关的地理位置数据整合，对区域内各方面的条件进行综合调查和判断。通过该系统，还能对同一区域的不同情况进行比较，这对宠物店的投资与开发将产生积极的作用。

四、商圈的设定

对于初次开店者而言，由于缺乏商圈统计的基本资料，因此往往难以直接评估顾客需求。所以，需要深入探究预开店区域人口集中的原因及人口日常流动的范围，并将这些信息作为基本资料来设定商圈范围。

1. 商圈的类型

商圈从区域上讲，是指门店能够服务顾客的范围，以门店所在地为中心，沿着一定的方向，向外延伸到某一距离，并以此距离为半径，形成不同层次吸引顾客的区域。任何一家门店都有自己的特定商圈。根据周边小区、客流量密度来进行划分，可以将商圈分为如图2-6所示的两个层次。

主商圈

1千米以内的周边是门店经营的主要商业区，即主商圈。当这个范围内的人想消费门店产品的时候，优先会想到这个商圈的门店，而超过1千米的顾客会遵循就近原则来选择门店

次商圈

1~2千米的范围为次商业区，即次商圈。门店可以通过良好的服务来吸引这个商圈的顾客到店消费。门店很难吸引到超过2千米的顾客到店消费

图2-6　商圈的层次

如图2-6所示，主商圈是门店吸引顾客的主要场所，也是门店促销与经营的重点区域。

> **温馨提示**
>
> 商圈很重要，开宠物店要尽量避开商业街，因为商业街的房租价格更贵，性价比低。可以选择小区店面，性价比更高，同样的钱可以租用更大的面积。

2. 设定商圈时应考虑的因素

一般来说，一个店在设定商圈时应考虑的因素如图2-7所示。

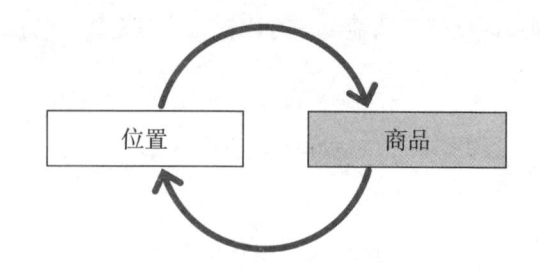

图 2-7　设定商圈时应考虑的因素

（1）位置。

位置即店所在的地方，例如在商业繁华地带，交通方便，流动人口多，有大量的潜在顾客，因而商圈规模也大。而那些设在偏僻地区的店，顾客主要是分布在店附近的常住人口，其商圈规模一般较小。在这种情况下，店铺经营者只有根据自己的实力创造出自己店铺的经营特色来吸引远客，扩大商圈。

（2）商品。

设定商圈时应考虑商品的种类、质量、特色以及与商圈的互动关系等多个方面。通过深入分析这些因素，可以更加准确地确定商圈的规模和边界，为门店的经营和发展提供有力支持。

3. 设定商圈的方法

初次开店者在设定商圈时，可以通过抽样调查销售记录、售后服务登记、顾客意见征询等方法收集有关顾客居住地点的资料，通过分析这些资料，能确定一个大致的商圈范围。采用这些方法时不可忽视时间因素，如平日与节假日的顾客来源构成不同等，这些都是使得商圈范围有差异的具体原因。

由于宠物店所处地区、经营规模、经营商品、经营业态、交通条件等的不同，商圈的范围、形态以及商圈内顾客分布密度、需求特性存在着一定的差异，但是一般情形下，还是有规律可循的。

总之，创业者开店必须掌握商圈策略，商圈策略是一种积极开拓市场的动态的销售策略。成功运用商圈策略可以打牢门店根基，提升门店形象，创造顾客的特定需求，与顾客建立一种相互依赖的关系，把生意做到顾客心里，让他们心甘情愿地成为回头客，这是店铺商圈战术的根本所在。

第二节
了解需求，定位目标市场

宠物市场作为一个快速发展的市场，吸引越来越多的消费者关注。在这个多元化的市场中，定位策略的选择对于宠物店的成功至关重要。

一、消费群体定位

宠物店要进行市场定位，就要了解目标消费群体。例如，他们是一群什么样的人，他们对宠物的消费需求、消费行为、消费心理是怎样的，他们的价值观与宠物店业务的关联度如何，等等。

宠物店的目标客户群体定位可以根据表2-1所示的几个方面来考虑。

表2-1 宠物店的目标客户群体定位考虑因素

序号	考虑因素	具体说明
1	宠物主人	宠物店可以定位为家庭宠物主人的首选。这些客户通常是有宠物的家庭，他们需要购买宠物食品、用品和药品，同时也需要购买宠物美容护理和医疗服务
2	宠物爱好者	宠物店可以定位为宠物爱好者的聚集地。这些客户对宠物品种尤其是特殊品种感兴趣，他们可能会购买各种珍稀或特殊的宠物，并需要专业的知识和建议
3	养殖者	宠物店可以定位为养殖者的合作伙伴。这些客户通常是专业养殖者或繁育者，他们需要购买高质量的育种材料、设备和药品，并可能需要与宠物店合作进行销售
4	家庭服务	宠物店可以定位为提供家庭服务的场所。除了销售产品和提供美容护理外，还可以提供寄养、训练、托管等服务，方便忙碌的家庭照顾他们的宠物
5	社区参与	宠物店可以定位为社区参与的一部分。通过组织宠物社交活动、义务工作、救助流浪动物等方式与社区建立联系，吸引社区居民成为忠实的顾客

在定位目标客户群体时，需要考虑该群体的需求、兴趣和购买能力，并根据宠物店的资源和能力来确定最合适的定位。同时，也要关注竞争对手在市场上的定位，并找到自己店铺独特的市场份额。

> **温馨提示**
>
> 宠物店只有先界定目标消费群体，了解他们的特点和需求，才能够实现宠物业务与消费需求的精准对接，从而做好宠物店的生意。

二、市场需求定位

在宠物市场中，创业者可根据市场需求和趋势来给宠物店定位。图2-8所示的是几种常见的定位策略。

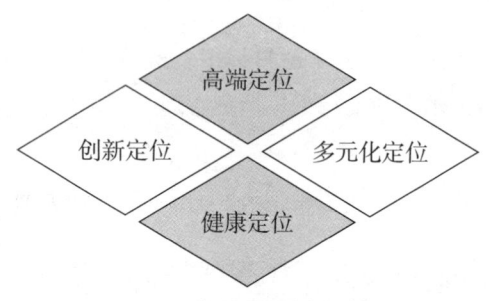

图 2-8　市场需求定位策略

1. 高端定位

针对高端消费群体，提供高品质、高价值的宠物产品和服务。这种定位能够抓住追求奢华和品位的消费者，他们愿意为宠物的品质和服务付出更多的金钱。宠物店可以通过与高端品牌合作、提供定制化服务等方法来实施这种定位策略。

2. 多元化定位

面向不同类型的宠物主人，提供多样化的产品和服务。这种定位可适应宠物市场的多元化需求。宠物店可以根据宠物主人的年龄、性别、兴趣爱好等因素来开发不同的产品线，满足不同群体的需求。

3. 健康定位

宠物店可提供有关宠物健康方面的产品和服务。这种定位能够抓住关注宠物健康的消费者，他们希望为宠物提供健康、营养的食品。宠物店可以通过与兽医合作、推出天然有机的宠物食品等方法来实施这种定位策略。

4. 创新定位

宠物店可以通过创新的产品和服务来吸引消费者的注意。这种定位能够抓住追求新鲜感和个性化的消费者，他们愿意尝试新奇的宠物产品和服务。宠物店可以通过研发新型宠物玩具、推出特色的宠物活动等方法来实施这种定位策略。

三、产品和服务特色定位

创业者可以通过宠物店的特色产品和服务来吸引目标客户群体，并与竞争对手区分开来。产品和服务特色定位可以根据表2-2所示的几个方面来考虑。

表2-2　产品和服务特色定位考虑因素

序号	考虑因素	具体说明
1	高品质宠物食品	定位为提供高品质、天然、健康的宠物食品。选择优质的宠物食品品牌，提供多样化的选择，满足不同宠物的营养需求
2	专业美容护理服务	定位为提供专业、细致的美容护理服务。拥有经验丰富的美容师，使用高质量的美容产品和设备，为宠物提供洗澡、毛发修剪、毛发造型等服务
3	特殊品种宠物销售	定位为提供特殊品种或稀有品种的宠物销售。与可靠的养殖者合作，确保宠物健康、纯种，并提供相关护知识和建议
4	宠物医疗保健	定位为提供全面的宠物医疗保健服务。与兽医合作，提供宠物疫苗接种、体检、治疗等医疗服务，并推荐合适的保健产品
5	家庭寄养和托管	定位为提供安全、舒适的家庭寄养和托管服务。提供宽敞的寄养环境、帮助宠物定期运动和参与社交活动，确保宠物在主人不在时得到照顾和关爱
6	宠物训练和行为咨询	定位为提供专业的宠物训练和行为咨询服务。拥有经验丰富的训练师，帮助宠物主人解决行为问题，提供基本训练和社交训练等

> **温馨提示**
>
> 宠物店要确保产品和服务的质量和可靠性，并不断关注市场需求的变化，及时调整特色定位以满足客户需求。

四、客户体验定位

客户体验感好，就会常来这家店。为了提升宠物店的客户体验、吸引更多忠实的顾客，宠物店可以从图2-9所示的几个方面来给门店定位。

舒适和安全的环境

为顾客和宠物提供舒适、干净、安全的环境。店内应保持整洁，提供舒适的座位和休息区，确保宠物在店内活动时安全无虞

友好和专业的服务

培训员工提供友好、专业的服务。员工应具备宠物知识和有关技能，能够回答顾客关于宠物养护、训练等方面的问题，并提供个性化建议

定期沟通和关怀

与顾客建立良好的关系。定期与顾客联系，了解他们对宠物产品和服务的反馈，提供售后支持，并关心所购宠物的健康状况

个性化定制

根据顾客需求提供个性化定制服务。例如，根据顾客的宠物品种、年龄、健康状况等因素，推荐合适的宠物食品、用品

社交活动和培训课程

组织各种社交活动和培训课程，为顾客提供更多的互动和学习机会。例如，举办宠物社交聚会、讲座和培训课程，帮助顾客与其他宠物主人交流知识和经验

快捷和便利的服务

提供快捷、便利的服务，旨在方便顾客购买宠物产品或享受相关服务。例如，提供在线预约、送货上门及快速结账等服务，以减少顾客的等待时间并消除不便之处

图2-9　客户体验定位策略

第三节
明确范围，确定经营方向

人类有日常的生活需要——衣、食、住、行，宠物也有自己的生活需要——衣、食、住、行，创业者可根据市场需求从多层次、多角度来考虑宠物店的经营方向。

一、确定宠物店的经营方向需要考虑的因素

确定宠物店的经营方向需要考虑的因素如图2-10所示。

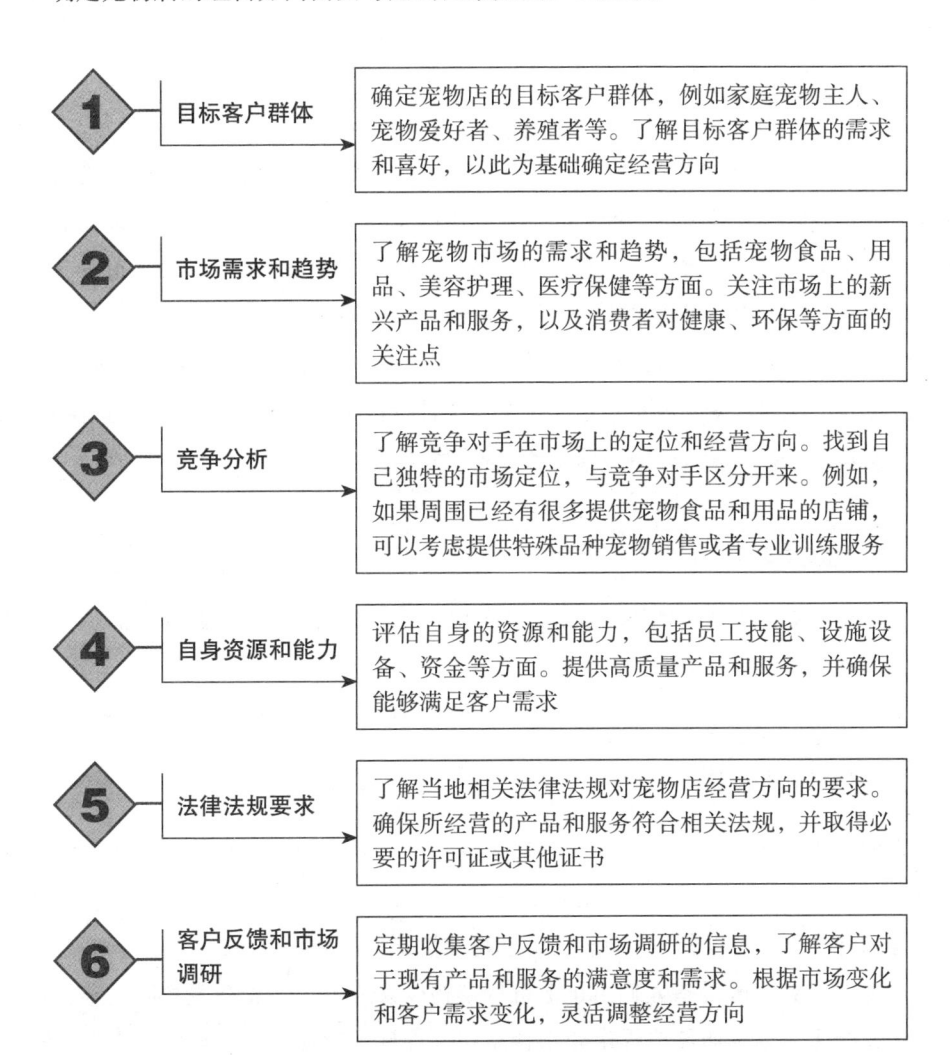

1 目标客户群体：确定宠物店的目标客户群体，例如家庭宠物主人、宠物爱好者、养殖者等。了解目标客户群体的需求和喜好，以此为基础确定经营方向

2 市场需求和趋势：了解宠物市场的需求和趋势，包括宠物食品、用品、美容护理、医疗保健等方面。关注市场上的新兴产品和服务，以及消费者对健康、环保等方面的关注点

3 竞争分析：了解竞争对手在市场上的定位和经营方向。找到自己独特的市场定位，与竞争对手区分开来。例如，如果周围已经有很多提供宠物食品和用品的店铺，可以考虑提供特殊品种宠物销售或者专业训练服务

4 自身资源和能力：评估自身的资源和能力，包括员工技能、设施设备、资金等方面。提供高质量产品和服务，并确保能够满足客户需求

5 法律法规要求：了解当地相关法律法规对宠物店经营方向的要求。确保所经营的产品和服务符合相关法规，并取得必要的许可证或其他证书

6 客户反馈和市场调研：定期收集客户反馈和市场调研的信息，了解客户对于现有产品和服务的满意度和需求。根据市场变化和客户需求变化，灵活调整经营方向

图 2-10 确定宠物店的经营方向需要考虑的因素

> **温馨提示**
>
> 以上几个方面的考虑，可以帮助创业者确定宠物店的经营方向，并确保能够满足目标客户群体的需求，同时与竞争对手区分开来。

二、宠物店的主要盈利方式

宠物店想要盈利，最重要的是选择好自己的经营方向。宠物店常见的盈利方式主要有以下几类。

1. 宠物交易

宠物交易作为宠物店最基础的盈利方式，从平民化开始向多样化和高端化方向发展。随着人们消费能力的不断提高，宠物店的宠物也大多是来自世界各地的名贵品种，而这与宠物的市场价值也是有关的。名贵宠物大多来自国外，一般人很难获取，所以找到合适的宠物商渠道将能够保障可观的利润空间。

宠物活体销售有一定利润，但消费频次不算高。当今宠物店卖活体需要做出自己的特色，比如建立宠物成长档案，在宠物生日等特定时间向宠物主人发送祝福，做好客户关系管理，形成长久陪伴感，增强客户黏性。

> **温馨提示**
>
> 宠物活体销售可以为店铺带来宠物用品零售、宠物洗浴和美容服务等后续其他项目的消费。

2. 宠物寄养服务

人们由于工作或其他因素无法保证对宠物全天候的照顾，宠物往往又生活自理能力有限，因此催生了宠物寄养服务市场。

宠物寄养服务可以分为常规性寄养和特殊性寄养两种。

常规性寄养一般是指人们由于上班将宠物以天为单位寄养在宠物店。早上将宠物交给宠物店，宠物店需要提供宠物食品和进行日常护理，晚上再由主人带回家。这样的寄养方式一般有简易性、规律性、稳定性的特点，价格不是很高，一般每天二三十元不等，是一种比较稳定的盈利方式。

特殊性寄养一般是指由于宠物主人有事需要离开一段时间而将宠物全天候寄养在宠物店。宠物店除了需要提供宠物食品以外还要照顾宠物的日常活动，以保障宠物的卫生与健康等。这种寄养方式具有临时性、突发性、繁复性的特点，当然，这类寄养的收费也是要高一些的，一般每天五十到一百元不等，宠物店可以在短时间内赚到一笔不菲的寄养费。

宠物店可以开展多样的宠物寄养服务，提供宠物日托、长托、度假托管等服务。同时，还可以提供宠物健康饮食和让宠物参与社交活动等，让宠物过上舒适和幸福的生活。

> **温馨提示**
>
> 要做宠物寄养项目，宠物店需要精心制定寄养协议，同时配置高质量的住宿环境，包括提供宽敞的空间、安装新风系统以确保空气流通，以及设立专门的宠物活动区等。此外，宠物店还应配置专业的寄养陪玩人员，以提供全方位的宠物照顾服务。

3. 宠物食品（主食）售卖

对于宠物主人来说，宠物就像他们的孩子一样，一日三餐自然是少不了的。因此，各种各样的宠物食品应运而生。

以狗粮为例，因为狗种不同，其需要的狗粮类型也是不一样的，价格从十几元到几百元不等。一般来说，宠物食品是一笔不算小的开销，特别是一些名贵宠物所吃的食品大多是进口的，更是价格不菲。

宠物店若是能抓住宠物主人的高消费水平和对宠物的溺爱心理，宠物食品的利润空间也是很有保障的。单纯卖宠物食品一般可以保证30%以上的利润率，当然，你也可以降低利润率来吸引客户，以带动店内其他服务的消费。

4. 宠物培训服务

人们养宠物的一个重要原因就是休闲娱乐，他们希望宠物可以在家等自己下班，听自己倾诉烦恼，陪自己玩乐，而有的时候，还想开发一下宠物的潜能。为了更好地跟宠物交流，人们希望自己的宠物能够更加乖巧、机智、多才多艺，这就催生了宠物培训。

宠物培训一般包括：基本的生活习惯培训，比如上洗手间；与人互动的培训，比如理解口令；独特技能的培训，比如后空翻；等等。

当然，随着培训难度的增加，培训的费用也从几百元增长到几千元，甚至上万元，而不少宠物主人也是愿意为宠物一掷千金的。

宠物店可以开办宠物训练班，提供基础听从训练、社交训练、行为矫正等服务。还可以推出宠物训练用具和教程售卖等业务，帮助宠物主人更好地训练自己的宠物。

5. 宠物美容服务

现在越来越多的宠物主人希望把自己的宠物打扮得美美的，或者是独具个性的，比如将狗狗打扮成熊猫的样子。当然，这不是每个人都能够做到的，此时就需要宠物美容师的帮忙了。

目前，宠物美容包括修剪趾甲、洁耳、洗眼、刷牙、药浴、解毛结、品种犬美容造型和比赛犬美容造型等多个方面。创业者可以开办宠物美容店，提供宠物洗澡、美容、造型等服务，也可以推出宠物美容用品和教程售卖等业务，帮助宠物主人在家给自己的宠物美容。

对于某些宠物店来说，宠物美容并不是主要盈利项目，其主要作用是长期捆绑客户，增强客户黏性。宠物美容可以延长宠物主人在店内停留时间，这样就可以增加店内各种商品的零售收入。另外，宠物店要想做好宠物美容项目，必须提升美容师的技术能力，这样才能留住宠物主人。

6. 宠物健康服务

随着人们对宠物健康的关注度提高，宠物医疗服务市场也在快速增长。宠物店可以提早布局，配置专业人员，提供宠物诊疗、宠物疫苗接种、宠物手术等服务。同时，还可以提供宠物健康检测等增值服务，为宠物提供全方位的健康保障。

7. 宠物保险业务

由于人们对宠物的爱持续升温和高昂的宠物医疗费用，给宠物买一份保险已经成为不少爱宠人士的选择。日均几毛钱的投保金额和高达百万元的保险赔偿金也将使宠物保险得到不断推广。

当然，宠物店一般不会独立开发宠物保险业务，可以跟当地的保险公司合作，取得保险公司的代理权，促成客户投保，赚取佣金。这种业务模式虽然不能带来较大的盈利空间，但是能够为宠物主人提供一站式服务，也将有利于店铺的整体发展。

8. 宠物护理服务

宠物怀孕时最难照料，许多宠物主人会因为自己的宠物有了身孕而无所适从。这时，宠物店的专业人员可以提供一流的产前产后服务，不仅可以保障宠物"产妇"的营养，还可以帮助"产妇"顺利生产，并对"新生宝宝"进行无微不至的照料。

9. 宠物摄影服务

现在，宠物摄影是一个很时尚的宠物业务项目，有宠物生活摄影、宠物纪念摄影和宠物婚纱摄影等。创业者可以以居家照相室或宠物店为基础，或者将这两者结合起来，提供一站式的全套服务。通过专业的化妆、造型设计和摄影技术，为宠物们记录下不同时期的精彩瞬间，留下它们靓丽的身影。

10. 宠物烘焙食品售卖

宠物烘焙食品是基于人类烘焙食品的原型发展而来的，以烘焙的方式制作给狗、猫等宠物食用的食品，如宠物蛋糕、宠物饼干等。

现在越来越多的宠物主人有消费能力，也有让宠物吃得更好更健康的理念。对此，宠物店可以结合本地消费能力及市场需求，合理布局宠物烘焙食品售卖。

11. 宠物旅游服务

宠物旅游是一个新兴的商机。越来越多的宠物主人希望能够与自己的宠物一同度过愉快的假期。宠物店可以考察对宠物友好的酒店、景点、活动等，开展相关的携带宠物旅游服务项目，全方位满足宠物主人与宠物共同旅行的需求。

12. 宠物社交平台服务

宠物社交平台服务是一个快速发展的市场。创业者可以开发宠物社交应用程序或网站，让宠物主人可以互相交流、分享照片和视频，寻找宠物伴侣或托管服务，加强宠物主人之间的联系。

> **温馨提示**
>
> 宠物行业的商机多种多样，创业者可以根据自己的兴趣和能力选择适合自己的商机。同时，需要关注市场需求和趋势，提供高品质和创新的产品和服务，才能在竞争激烈的宠物行业中取得成功。

第四节 规避风险，选择合适的经营模式

资深创业人士认为，若所开设的店面与过去的工作经验有关，并曾担任经营管理职务，可考虑独立开店。但若无经验，选择合适的加盟体系，从中学习管理技巧，也不失为降低经营风险的好方法。

一、个人全资经营

个人全资经营是指由一个自然人投资并管理，全部资产归该投资人所有的经营模式。个人全资经营的典型特征是个人出资、个人经营、个人自负盈亏以及自担风险。

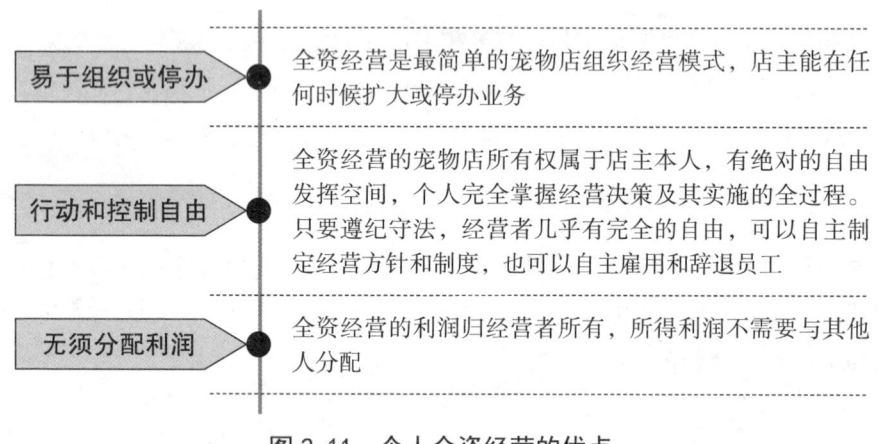

1. 个人全资经营的优点

个人全资经营的宠物店由个人全资拥有，投资人对宠物店的任何事务具有绝对决策权，同时也需要承担无限责任。个人全资经营的优点如图2-11所示。

易于组织或停办	全资经营是最简单的宠物店组织经营模式，店主能在任何时候扩大或停办业务
行动和控制自由	全资经营的宠物店所有权属于店主本人，有绝对的自由发挥空间，个人完全掌握经营决策及其实施的全过程。只要遵纪守法，经营者几乎有完全的自由，可以自主制定经营方针和制度，也可以自主雇用和辞退员工
无须分配利润	全资经营的利润归经营者所有，所得利润不需要与其他人分配

图2-11　个人全资经营的优点

2. 个人全资经营的缺点

个人全资经营的缺点如图2-12所示。

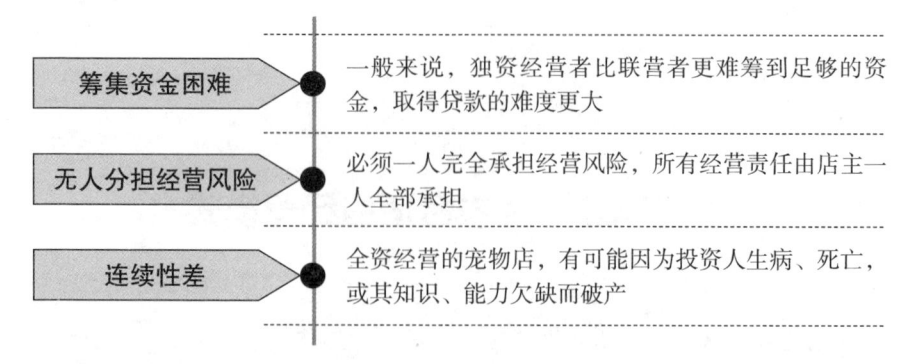

筹集资金困难	一般来说，独资经营者比联营者更难筹到足够的资金，取得贷款的难度更大
无人分担经营风险	必须一人完全承担经营风险，所有经营责任由店主一人全部承担
连续性差	全资经营的宠物店，有可能因为投资人生病、死亡，或其知识、能力欠缺而破产

图2-12　个人全资经营的缺点

二、合伙经营

合伙经营是由两个或两个以上合伙人订立合伙协议，共同出资、共同经营、共享收益、共担风险的经营模式。

1. 合伙经营的优点

合伙经营的优点如图2-13所示。

- 资金来源较广 —— 合伙经营的资金来源较广，信用度也高，因而较易筹措资金，如从银行获得贷款
- 分工较仔细 —— 合伙经营的分工较仔细，合伙人可根据自己的专长选择合适的岗位
- 资本较多 —— 一般资本较个人全资经营多，因为资本来自多个合伙人

图 2-13　合伙经营的优点

2. 合伙经营的缺点

合伙经营的缺点如图2-14所示。

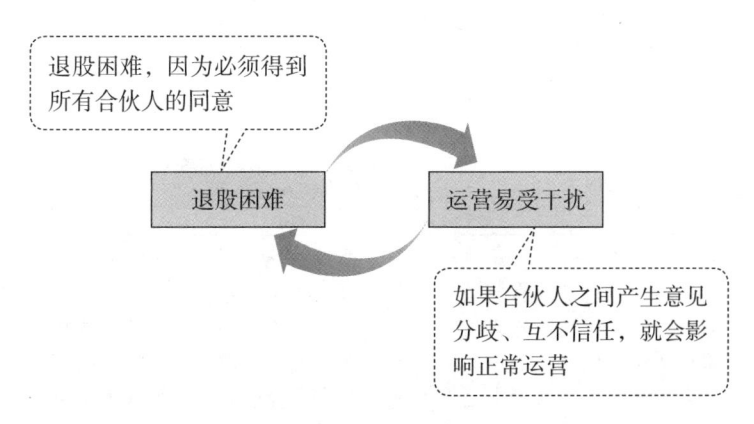

- 退股困难：退股困难，因为必须得到所有合伙人的同意
- 运营易受干扰：如果合伙人之间产生意见分歧、互不信任，就会影响正常运营

图 2-14　合伙经营的缺点

3. 合伙经营的注意事项

创业者采取合伙经营模式的注意事项如图2-15所示。

能力强的人要特殊对待

有些人的能力特别强，但是不一定适合当合伙人，可以采用"高薪+分红"方式来留人，而不是采用参股的方式

彼此建立良好的沟通关系

在合作过程中，最忌讳的是互相猜忌、打小算盘，这样的合作肯定不会长久。出现问题要本着真诚、互信、公平的态度来解决

处理冲突时做最坏的打算

合伙人之间出现分歧，做好最坏的打算，心中有底，处理问题时就会以比较平和的心态理性地面对，让事情得到圆满解决

避免各方亲友在店铺上班

店铺最好不要雇用亲友，否则会造成公私不分、闲言碎语等麻烦，会动摇合伙人之间的合作基础

图 2-15　合伙经营的注意事项

三、加盟连锁经营

加盟连锁是赚钱比较快的模式。目前宠物市场正处于上升期，不少加盟者跃跃欲试，准备进入这一行业，寻求快速盈利的机遇，即赚取市场准入带来的红利。

1. 加盟连锁的形式

目前连锁经营包括直营连锁、特许连锁两种形式，具体如图2-16所示。

直营连锁

指连锁店铺均由连锁经营公司总部全资或控股开设，在总部的直接领导下统一经营。总部对店铺实施人、财、物及商流、物流、信息流等方面的统一管理。直营连锁作为大资本运作，具有连锁组织集中管理、分散销售的特点，充分发挥了规模效应

特许连锁

指特许者将自己所拥有的商标、商号、产品、专利和专有技术、经营模式等以特许经营合同的形式授予被特许者使用，被特许者按合同规定，在特许者统一的专业模式下从事经营活动，并向特许者支付相应的费用。由于特许企业的存在形式具有连锁经营统一形象、统一管理等基本特征，因此也称之为特许连锁

图 2-16　加盟连锁的两种形式

40

2. 加盟品牌的选择

选择创业加盟品牌至关重要，必须考虑品牌的认知度和知名度。那么，我们应如何挑选加盟品牌呢？选择要领如图2-17所示。

图 2-17　加盟品牌的选择要领

（1）资料搜集分析。

对于加盟者而言，选择加盟品牌仅有激情与梦想是远远不够的，还要练就火眼金睛，谨防加盟的种种陷阱。首先了解自己将要加盟的宠物连锁店品牌，然后通过多种渠道搜集有关品牌信誉度与品牌运营公司信誉度的资料。比如，在品牌加盟网站查看网友评论，对已加盟品牌的商家进行市场调研都是不错的方法。

（2）品牌对比筛选。

一些宠物店加盟品牌虽然在总部当地或者其他个别省份较成功，但如果进入一个新的地域，可能就会出现一段"水土不服"时期，加盟者应避免选择一些名不见经传的小品牌。

> **温馨提示**
>
> 专业的宠物连锁经营公司，应有经过严格训练的专业化队伍，配以标准化的施工流程、专业化的服务，才能充分彰显品牌形象，确保客户安心地接受服务。

（3）总部实地考察。

开宠物加盟店的朋友还应谨记市场运营有风险，一定要实地调查研究，把加盟商提供的加盟方案与自己的现实情况结合起来，选择适合自己的加盟方式。

另外，需要了解加盟品牌的宣传力度、市场走向以及相关产品的报价，做到心中有数，实时关注项目的相关资讯。

3. 加盟的流程

宠物店加盟招商一般都有一定的流程。当然，不同的连锁品牌，其加盟的流程也不一样，加盟者需向品牌方咨询了解。

对于加盟者来说，流程的前期阶段非常重要，包括电话咨询、索取资料、加盟洽谈、协议讨论等。加盟者除了清楚自己所处的地位、权利和义务，确定是否有巨大商机外，还必须明确加盟店的以下几个方面：

（1）是否有政策优势。

（2）服务项目怎样，是否有新、特、齐、高等品质特色。

（3）技术力量是否雄厚。

（4）是否有投资、供货优势。

（5）成本效益怎样，是否有效地降低了投资风险。

（6）品牌优势怎样，在业内是否有极高商誉和影响力。

（7）经营管理是否科学。

（8）对于品牌、服务、竞争力、风险等有何承诺。

4. 加盟前期考察事项

选择优良的加盟商是投资成功的关键，加盟者必须把好这一关。作为加盟者，在加盟宠物连锁经营公司前要考察的事项如表2-3所示。

表2-3　加盟前期考察事项

序号	事项类别	具体内容
1	特许经营资质	向连锁经营公司的总部索要并审查其备案资料，以防上当受骗
2	品牌知名度	选择知名度高、品牌形象好的连锁经营公司，这是创业成功的必要条件
3	发展历史	一般来说，应选择具有较长发展历史的连锁经营公司，因为公司发展越成熟，承担的风险就会越低。不过，这也不是一个绝对的参照标准
4	已运营直营店、加盟店情况	在选择连锁经营公司时，应充分了解其直营店和加盟店经营状况是否良好、有无稳定营业利润、利润前景如何等情况
5	经营管理组织结构体系	优良的连锁经营公司应有组织合理、职能清晰、科学高效的经营管理组织，使各连锁店能高效运转，如具有健全的财务管理系统、完善的人力资源管理体系、整体营运管理与督导体系等

续表

序号	事项类别	具体内容
6	是否提供开业全面支持	一般来说，连锁经营公司提供的开业全面支持应包括以下内容：地区市场商圈调研、人员配备与招募指导、开业前培训、开业准备工作指导等
7	加盟契约、手册	加盟者可从加盟契约、手册等资料中了解连锁经营公司的公平性、合理性、合法性、费用可承受性、地域限制性、时效性、可操作性等方面的内容，看是否适合加盟
8	加盟店成功率	一个成熟的加盟系统需要经验的长期积累和管理系统的不断完善，在正常经营的情况下，关店的情况并不多
9	加盟费用是否合理	考察加盟费用是否合理，最重要的是要看投资回报率。可以参照其他加盟店的投资回报率，如果觉得此加盟店的投资回报率达到了自己的要求，那么加盟费用就基本是合理的

第五节 做好预算，筹集开店资金

资金往往是创业者考虑的第一个问题，通常创业资金包括店面租金、装潢费用、设备费用、经营周转金等，若是选择加盟创业，还包含加盟金、保证金等众多项目费用。然而，并不是每个创业者都有足够的自有创业资金。因此，筹措资金的渠道就十分重要。

一、预测启动资金

启动资金是开办宠物店必须购买的物资的开支和必要的其他开支，也就是从店铺开始投入至达到收支平衡前必须准备的资金总量。

1. 投资（固定资产）预测

投资（固定资产）预测时要特别注意，不同规模、不同经营范围的宠物店对设备需求的差别很大。所以，必须了解清楚所需的设备，选择正确的设备类型，尽量节省设备投资。即使你只需少量设备，也应测算并纳入计划。

比如，开一家宠物美容店所需的基础设备如下：

（1）稳固的美容台，其表面为防滑质地，有稳定的支架和固定的宠物吊杆，以保障宠物在美容台上的安全。

（2）专业的梳理工具，如美容师梳、木柄针梳、钢丝梳、分界梳等。对于不同的美容步骤，需要使用不同的梳子配合。

（3）为毛发容易打结的宠物准备的用品，如开结梳、开结喷雾等。

（4）剪趾甲所需用品，如趾甲钳、趾甲锉和专业的止血粉。

（5）洗澡用具，洗完澡后要用吸水毛巾擦干，再用专业的烘干箱或吹水机吹八成干，最后要用双筒吹风机吹干。

（6）修毛工具，这类工具分类很精细，如剪刀分为直剪、牙剪、小直剪、弯剪等，因修剪位置不同而必须运用相应的剪刀。

（7）剃毛工具，要选用专业电剪并配以不同型号的刀头进行修剪。

> **温馨提示**
>
> 设备的投资可多可少，应根据市场定位来调整。每种设备都有高、中、低的档次。根据目标客户，确定使用或消耗什么档次的设备就可以了。不要贪多求大，够用就好。

2. 流动资金预测

流动资金的最大特点就在于随时变化，店铺初次收入取得之前必须有可以支付各种费用的资金。适当的流动资金准备能使店主从容应对各种费用的支付。

流动资金是门店日常运转所需准备的资金。一般来说，在销售收入能够收回成本之前，店主至少要准备3个月的流动资金。为了使预算更加准确，你可以制定一个如表2-4所示的现金流量计划。

表2-4 现金流量计划

序号	类别	具体说明
1	产品库存费用	营业前库存产品的流动资金预测

续表

序号	类别	具体说明
2	促销费用	包括4P［产品（Product），价格（Price），渠道（Place），促销（Promotion）］计划的促销成本
3	工资	起步阶段也要给员工发工资，计算方法：月工资总额×无收支平衡的月数
4	租金	门店一开张就要支付租金，计算方法：月租金额×无收支平衡的月数
5	保险费用	保险有两种：社会保险和商业保险。开业时准备交的保险费用也在启动资金支付范围内
6	其他费用	包括水电费、办公用品费、交通费、电话费、不可预见费（统称公用事业费）等，起步阶段纳入启动资金支付范围

3. 总的启动资金预测

总的启动资金的计算公式为：

$$启动资金总额=投资金额（固定资产+开办费）+流动资金总额$$

4. 预测启动资金时要注意的问题

创业者在预测启动资金时，要注意以下问题：

（1）必须意识到"启动资金周转不灵，就会导致门店夭折"。

（2）必须核实你的启动资金持续投入期，即在你没取得销售收入之前须持续多长时间投入流动资金。

（3）必须将投资和流动资金需求量降至最低。依据"必须、必要、合理、最低"的原则，该支出的必须支出，能不支出的坚决不支出。

（4）必须确保一定量的流动资金储备，以备不时之需。

相关链接

开宠物美容店的预算

眼下，喜欢宠物的人越来越多，和宠物相关的市场需求也在慢慢扩大。如果你热爱宠物，手里又有点资金，也许早就在心里酝酿如何投资开一家宠物美容店了吧。下面让我们一起来看看开宠物美容店要有哪些预算。

1. 宠物美容店的定位

开宠物美容店的费用预算其实是和宠物美容店定位分不开的。一个高档宠物美容店和一个小型宠物美容店所需要的费用肯定不一样，两者的差距是非常大的。开宠物美容店需要多少钱？首先要弄清楚自己的宠物美容店的定位是什么，只有找到这个定位的原点，才能够在这个基础上做好各种预算。

2. 品牌加盟相关费用

找一个合适的品牌加盟，依托品牌的市场知名度，复制别人的成功经验，可以让自己快速获得成功。当然，加盟品牌是需要支付一定的费用的。这个费用由品牌来定。

3. 店铺租金

店铺租金和店铺的位置以及大小有着密切的关系。一般来说，宠物美容店地址越靠近黄金地段，相关租金也就越高，而各个城市经济发展水平不一，店铺租金也差别很大。所以店铺租金这块要根据实际情况，结合宠物美容店定位，选择合适面积的店铺，做具体的预算。

4. 装修费用

宠物美容店的装修费用也是必须花的资金之一。但是装修是一个无底洞，具体要把店铺装修成什么样子，是做精装修还是做简装修，需要自己考虑清楚并核算装修成本。宠物美容店装修不一定是越高档越好，和宠物美容店的档次定位相符合即可。

5. 人员成本及日常运营成本

宠物美容店人员成本及日常运营成本是必要的。人才是宠物美容店的核心竞争力，宠物美容行业人才培养难，留住人才也比较困难，如果不能给员工合适的薪酬待遇，很容易造成优秀人才的流失。而宠物美容店日常的运营成本，包括但不限于进行促销活动时所需奖品的费用、印刷宣传材料的成本，以及日常运营中消耗的各类材料费用等，这些都是必须纳入考虑范围的开销。

6. 技术学习成本

如果不是选择加盟宠物美容连锁品牌，而是自己先去宠物美容学校学习再开店，正常来说，C级美容师的学费是8000元左右，学习时间大概是1~2个月，再加上学习期间的吃住等费用，整个学习期间的成本会在1万元左右。当然，作为店老板，也可以不用去学习，而是直接招聘宠物美容师，但是这样开店的风险会更大一些，毕竟只是一家小店，美容师的变动将对店里的生意产生巨大的影响。

7. 美容设备费用

无论是给人美容还是给宠物美容，都需要用到美容设备。开一家宠物美容店，吹水机、美容剪、电推剪、美容台、大功率吸尘器等美容设备都是必不可少的。此外，店里还需要有空调、冰箱、热水器等电器设备。这些设备费用都要纳入预算里。

二、筹集启动资金

开一家宠物店，筹集资金的方式有以下几种：

1. 个人储蓄

用自己的积蓄出资，这是最常见的创业资金来源。为了开店，店主可能需要调整自己的消费习惯，避免一些不必要的开支，以便积累更多的资金。

2. 亲友支持

如果个人储蓄不足以满足开店需求，店主可以向亲友寻求资金支持。这种方式的好处是利息较低、还款期限灵活。

3. 合伙人出资

可以寻找志同道合的合伙人一起出资开店。合伙经营可以分担风险和成本，但需要与合伙人签订规范的合同，明确双方的权利和义务。

4. 银行贷款

如果具备相应的条件，可以向银行申请贷款。银行贷款通常需要提供抵押物或担保人，因此需要评估自己的资产和信用状况。

5. 引入风险资金

对于规模较大或创新型的宠物店，可以考虑向风险投资机构或天使投资人筹集资金。这种方式通常需要提供商业计划书，并展示店铺的盈利能力。

温馨提示

　　无论选择哪种筹集资金的方式，店主都需要认真评估自己的实际需求和还款能力，确保在可承受的范围内进行借贷。同时，店主还需要制定合理的还款计划和经营策略，确保店铺能够持续盈利并按时还款。

第三章
店铺选址

导　言

开店做生意，谁都知道店铺位置的重要性。店铺位置选得恰当，无形中已为你的生意打下了坚实的基础。店铺位置选择得当，就意味着享有优越的"地利"优势。对于宠物店来说，店铺位置在很大程度上决定了客流和购买力。

第一节
科学选址，遵循五大原则

随着创业热的不断升温，想投资开店当老板的人越来越多。但开店并非像"春天播种，秋天结果"那么简单，而且会涉及选址、融资、进货、销售等诸多环节，其中选址是关键的一步。鉴于此，店主可遵循以下几个原则来选址。

一、考虑前瞻性

并不是所有的"黄金市口"都是开店宝地，有时遇到市政规划变动，热闹的地段也有可能变成冷僻之地。因此，店主在选址时要把眼光放长远些，多了解该地区将来的发展情况。

除了市政规划外，还要注意该地区未来同业竞争的情况。

二、注意租金的性价比

不同地理环境、交通条件、建筑物结构的店面，租金会有很大的差别，有时甚至相差十几倍。对店主来说，不能仅看表面的价格，而应考虑租金的性价比问题。比如，月收入在2万元左右的门店，其月租金为3000～5000元比较合适。

三、广开渠道寻找店铺

现在有许多店主喜欢通过报纸广告、房屋中介、房地产交易会、互联网等渠道了解店铺信息。其实，店铺市场有个"2∶8法则"，即公开出租信息的店铺只占总数的20%，而以私下转让等方式进行隐蔽交易的却占80%。因此，寻找店铺一定要广开渠道，多管齐下。

四、"团租"方式经济实惠

目前，十几平方米的小店铺很抢手，租金也水涨船高，而一两百平方米的大店铺却因滞租而身价下跌。在这种情况下，建议几个店主以团体租赁的方式低价拿下大店铺，然后再进行分割，细算下来能节省不少费用。

五、客流就是"钱流"

店铺选址时一定要注意周围的人流量、交通状况以及周围居民和单位的情况。对店主来说，客流就是"钱流"，千万不要因为怕竞争而将店铺选在偏远地区。

第二节
合理选址，考虑八大要素

一般来讲，地理位置、税收政策、消费群体、场所大小、场所成本、营业时间、周围竞争状况、场所设施状况等是选址要考虑的关键要素。

一、地理位置

潮湿的气候会诱发猫、狗等宠物的皮肤炎症，各个地区的气压、气温不同，可能会影响宠物的口味偏好，进而决定宠物店的经营方向。

二、税收政策

宠物店开业之后，每月的税收是必不可少的。不同的地区，其税收政策也存在一定的差异。在这方面可以询问同行，或者在办理开店手续的时候详细咨询相关部门，了解宠物店相关的税收政策。这样就可以进一步计算宠物店的预期销售额和成本开销之间的差额（这种差额是店主们十分关心的利润部分）。

三、消费群体

所有的宠物店，无论其经营形式如何，都需要有一个稳定的消费群体。这个消费群体包括退休的老年人、追求时尚的女性、喜欢小动物的少年儿童等。无论什么样的顾客都是上帝,这个群体必须保持稳定,并且认可店铺的产品和理念,这样才有可能保证稳定的商品销售。比如,对于以宠物用品为主要经营项目的店主来说,在开店前就要了解这一特定的消费群体,包括他们的年龄结构、职业特点、兴趣爱好以及养宠历史等,并且在经营中还需要不断地了解该类消费群体出现的新特点和新消费趋势,以便及时引入适销对路的新产品。

四、场所大小

场所的大小是根据要开设的宠物店的特点来决定的。如果要开设服务种类齐全的宠物美容店,店铺面积最好在40平方米以上;如果开设的是宠物食品店,那么店铺面积为20~30平方米就足够了;如果开设的是宠物托管之类的店铺,店铺面积就应该大一些——宽敞舒适的店铺环境将给宠物主人留下美好的印象,会让他们放心地将宠物交到店里。

当然,这种场所大小的界定并不是绝对的,可以根据实际情况进行适当的调整,以实现经营利益的最大化。

五、场所成本

场所成本可以分为两种类型,即有形成本和无形成本。

有形成本是指那些易于分辨而且可以准确测量的成本,包括租金、水电费、员工开支、原材料费、税费、折旧费以及其他可以被财会部门或管理部门确认的费用。在选址时,店主必须清楚地知道店铺的租金成本是多少,水电费是多少,还有因聘请员工而产生的月开支是多少,等等。这些成本不仅会影响宠物店的投资额度,还会影响筹措资金的渠道。

无形成本则不易量化,包括品牌建设和维护成本、客户关系管理成本、员工培训和发展成本、时间成本以及环境和社会成本等多个方面。这些成本虽然难以直接量化,但它们对于店铺的盈利能力、品牌形象以及长期发展具有一定的影响。

六、营业时间

店主在选址时要根据宠物市场消费的情况,合理确定营业时间。营业时间是否与当地某些限制性政策相符,也是应该注意的问题。

七、周围竞争状况

当决定开设宠物店的时候，店主要时刻准备面对同行的竞争。没有竞争未必是好事，如果在店铺周围没有其他的宠物店，就有可能说明这个店铺所在地区的居民对宠物的消费并不重视。当然，也许你开设宠物店的时候，他人还没有来得及介入这一区域的宠物生意，竞争缺乏也恰好提供了充分发展的机会，这时就可以利用良好时机大展宏图了。

在同一个地区，如果宠物店不止一家，就可能会遇到各种各样的竞争。实行差异化的营销策略，突出自己宠物店的经营特色，或许能在激烈的市场竞争中获得更多的优势。搞清楚自己店铺周围的现有竞争者和潜在竞争者的情况，比如其产品特点和价格、经营方式等情况，做到知己知彼，才能百战不殆。

八、场所设施状况

一般来说，所选的店铺必须具备以下条件：

（1）上下水的条件。

（2）排风条件。

（3）电力充足的条件（电线截面积足够大，至少符合特定标准，以确保电力传输需求）。

（4）办理营业执照的条件。

（5）经房东和物业确认可以开设宠物店。

第三节
正确选址，讲究四大策略

前期的选址对于一个宠物店后期的成功运营起着非常重要的作用。一个合适的地址可以给宠物店带来许多顾客，创造更高的利润。据有关统计，影响宠物店赚钱的因素当中，选址占40%以上。因此，店主在选址时一定要慎重考虑，在实际运作中可参考以下选址策略。

一、好处独享策略

假如经过调查发现有某一目标客户很集中的区域，但附近并无类似店铺，此时做"第一个吃螃蟹的人"，将会独家享有好处。

二、比肩共存策略

将自己的店铺置于高档店铺群之中，与高档同业比肩共存。注意在运用此策略时，自己店铺的规模、装修档次、服务水准等条件绝对不能低于同业，最好是略高于同行，否则会在竞争中处于被动地位。

三、鹤立鸡群策略

当自己的店铺处于比自己店铺规模小的店铺群之中时，将获得出众的效果。此策略的运用讲究适度，如果周围其他店铺都过小而且档次太低，则又有可能拉低自己店铺的档次形象。

四、搭顺风车策略

原则上店址不要过于靠近规模大于自己的宠物店，然而，如果现存宠物店只是规模较大，但服务水准不高、产品过于廉价，则表明同行其实并无市场竞争力。此时店址充分靠近，将能有效夺取对方客源。

相关链接

适合开宠物店的地方

1. 宠友活动聚集地

在宠友活动聚集地开宠物店的好处不用多说，只要做好服务及提升客户体验就能快速在宠友心中树立良好的品牌形象。

2. 人口密度高的居民区

人口密度高的居民区人口比较集中。这类地区的消费者层次各异，各年龄层和各社会阶层的人都有，养宠人也比较多，所以无论出售何种宠物用品或提供何种宠物服务，都会有一定的顾客群。

3. 交通便利的地区

交通便利是消费者购物的首要条件。一般来说，如果店铺附近有停车区域，或者顾客步行15分钟内可到达的铺面都是值得考虑的。

4. 成行成市的地区

对于宠物店这种目标客户集中的店铺来说，若能选址在同行扎堆的地段，则更有利于经营。

第四节 谨慎选址，避开十大误区

开店选址正确是店铺能够成功运营的必要条件，因此店主在选址时需要非常谨慎。但很多初次投资宠物店的店主往往对开店选址了解得并不多，难免会犯一些错误，走进选址的误区。

一、迷信黄金地段

"非风水宝地不选"是很多店主在开店选址时普遍存在的一种心态。殊不知，黄金地段的昂贵租金与激烈竞争所带来的经营压力，非一般投资者所能承受。

二、不顾形象，徒求销量

对于中高端宠物店而言，除了要考虑店址对销量的促进作用外，还应评估其对品牌形象的影响。为确保品牌形象不受损害，店主在店铺的选址方面还需考虑周边环境的卫生水平、清洁程度等。

三、盲目进入市场饱和区

过度集中往往会造成市场饱和。有时候，位于同一商圈的多家同类店面看起来生意都很好，但实际上已达到竞争平衡的临界点。新增加一家店，市场就超饱和了，造成"僧多粥少"的局面，原先挣钱的都开始亏损，大家只有打价格战。

四、偏离商圈定位

每个地区都有自己的整体商业网点布局。错位选址，逆势而动，往往得不到宏观政策的支撑和大环境的推动，吃力不讨好，最后只能选择撤出。

五、被客流量的表象迷惑

对于宠物店而言，不仅要考虑总体的客流量，更应深入分析客流的有效性。以为人流密集的区域就是开宠物店的好商圈，是对商圈的误解。

六、缺乏借势意识

做生意要成行成市，仅靠一家店面单打独斗，未必就是一件好事。巧妙地借对手的势，往往能对销售起到积极的促进作用。

七、广告空间考虑不足

店招、立牌、展示架、海报，这些常见的广告道具对于门店的销售有不可忽视的作用，运用得当能起到四两拨千斤的效果。在选址时需要了解门窗是否可改装为落地式大玻璃结构、当地政府对店招悬挂有无特殊要求等信息。

八、忽视顾客休息区

如今的消费者越来越挑剔，对宠物店的服务也越来越重视。宠物店必须将这些因素考虑进去，否则店址再好，店内没有方便顾客休息的服务区以及消磨时间的配套服务，也很难让顾客对店面满意。

九、低估消费习惯对购买的影响力

在选址时要对该地区消费者的购买习惯进行深入调查。很多店主虽然在定位、商圈的分析上下足了功夫，但因对消费者的消费特点考虑不到位，最终只能草草收场。

十、不考察商业环境的未来变迁

宠物店的投资回报周期较长，一旦周边环境发生变化，将导致投资无法收回。有些目前看似优越的位置，可能过不了多久就会因城市发展的变化而面临被改造或没落的困境。

案例

精心选址赢口碑

刘先生计划开一家致力于提供全方位宠物服务的宠物店，服务内容包括宠物食品、宠物用品、宠物洗护、宠物医疗等。

在选址前，刘先生对市场进行了深入的调研。他发现所在城市的宠物市场正在迅速增长，宠物数量不断增加，宠物主人的消费能力也在逐步提高。同时，他发现拟选址周边有多个住宅小区和公园，人流量大，宠物爱好者众多，这为宠物店的发展提供了良好的市场基础。

在选址时，刘先生对周边的竞争环境进行了详细的分析。他发现，虽然周边已有几家宠物店，但这些店铺的服务内容相对单一，无法满足消费者多样化的需求。因此，刘先生决定以提供全方位宠物服务为特色，吸引更多的消费者。

在选址过程中，刘先生充分考虑了消费群体的特点。他发现，拟选址周边住宅小区的居民多为年轻人和中年人，他们喜欢养宠物，并愿意为宠物投入一定的时间和精力。同时，公园也是宠物爱好者经常聚集的地方，这为宠物店吸引客流提供了便利。

在选址时，刘先生还考虑了交通便利性。他选择了靠近公交站、地铁站和主要道路的位置，方便顾客前来购物。此外，便利的交通也有利于门店为顾客提供配送服务，方便顾客在家中就能购买到所需的宠物产品。

经过精心选址，刘先生的宠物店一开业就成功吸引了大量的顾客。店铺通过提供优质的服务和产品，赢得了顾客的信任和口碑，客流量稳定，生意兴隆。在短短的时间内，这家店就成了当地知名的宠物店之一。

第四章

店铺装修

导　言

　　良好的店面装修设计，不仅可以美化店铺，也能给顾客留下美好的印象，有利于顾客记住店铺，营造出一种让人来了就不想走的氛围，促使顾客产生购买行为。同时，良好的店面装修设计也显现出店主的个人品位与内在涵养，可以让顾客对店主有好印象和亲切感。

第一节
外观设计，反映店铺特色

外观设计是店铺给顾客的第一印象，能够吸引顾客的眼球并引起他们的兴趣。好的外观设计能够增加店铺的曝光度，塑造出与竞争者的差异化优势，提升品牌形象，进而吸引更多顾客进店。

一、店名设计

店址选好后，店主就要给自己的店铺设计一个有特色的名字。

1. 店铺名字的重要性

与人要取个好名字一样，店铺也需要取个响亮的名字，店名会对宠物主人的心理造成一定的影响。好听好记的名字更容易被宠物主人记在心里。有的店就是因为店名有特色，再加上商品货真价实、服务热情到位，较能激起宠物主人的消费欲望，所以提高了回头率。

2. 店铺起名的技巧

对于想开宠物店的店主来说，在给自己店铺起名时，可参考如图4-1所示的技巧。

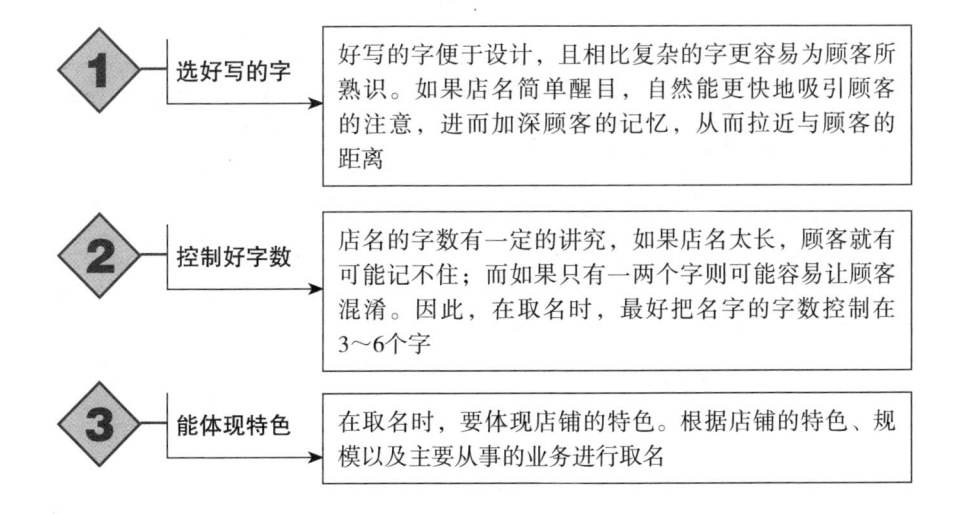

1	选好写的字	好写的字便于设计，且相比复杂的字更容易为顾客所熟识。如果店名简单醒目，自然能更快地吸引顾客的注意，进而加深顾客的记忆，从而拉近与顾客的距离
2	控制好字数	店名的字数有一定的讲究，如果店名太长，顾客就有可能记不住；而如果只有一两个字则可能容易让顾客混淆。因此，在取名时，最好把名字的字数控制在3~6个字
3	能体现特色	在取名时，要体现店铺的特色。根据店铺的特色、规模以及主要从事的业务进行取名

④ 要朗朗上口	要使店名朗朗上口，需避免让店名与负面含义或不良意象相结合。此外，在店名中也可表明店主的身份或名字，这样会给人以亲切感，容易招来客人
⑤ 可富有意义	要使名字富有意义，可在店名中表明兴隆平安这样的意义，即使没什么新鲜感，也容易让人记住
⑥ 顺应周围环境	如果你开的店铺在高薪白领聚集区，为防止店名"老土"，可选用一些新潮名词；如果店铺周围有许多外国人居住，为了方便外国人，则应在中文店名下面注上英文

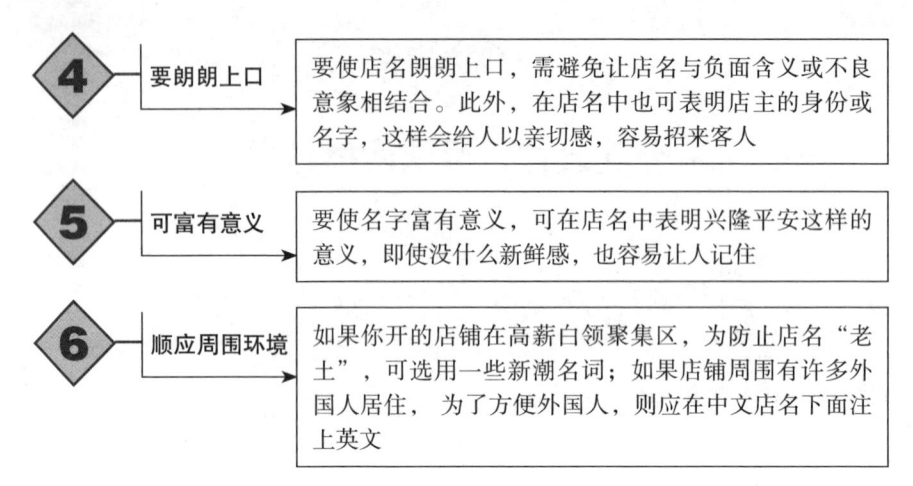

图4-1 店铺起名的技巧

二、logo设计

logo是徽标或者商标的英文表达，具有对店铺的识别和推广作用。通过logo，我们可以让顾客记住店铺和品牌文化。

1. logo的表现形式

logo的表现形式一般分为特示图案、特示字体、合成文字，具体如表4-1所示。

表4-1 logo的表现形式

序号	表现形式	具体说明	备注
1	特示图案	属于表象符号，独特、醒目的图案易被区分、记忆，通过隐喻、联想、概括、抽象等表现方法表现被标示体	—
2	特示字体	属于表意符号，含义明确、直接，与被标示体的联系密切，易于被理解、认知，对所表达的理念具有说明作用	字体应与整体风格一致
3	合成文字	表意、表象的综合，指文字与图案结合的设计，兼具文字与图案的属性	—

2. logo的性质

logo的性质如图4-2所示。

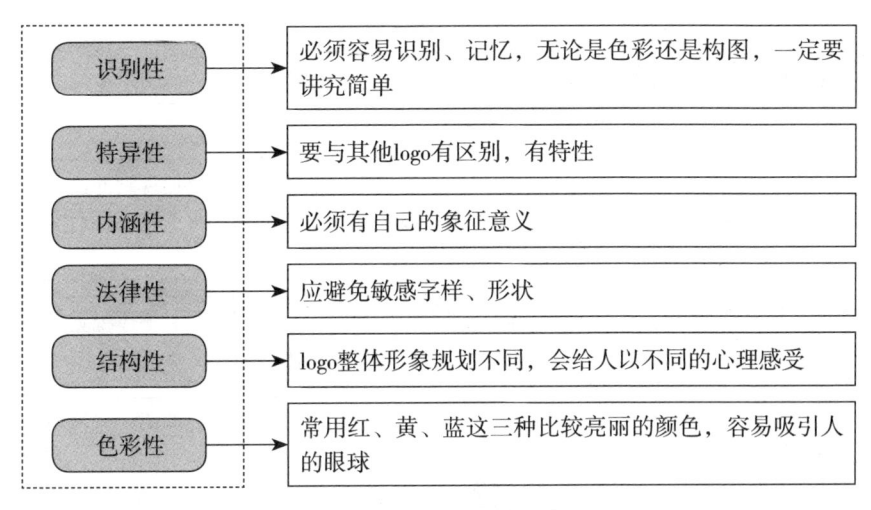

识别性	必须容易识别、记忆，无论是色彩还是构图，一定要讲究简单
特异性	要与其他logo有区别，有特性
内涵性	必须有自己的象征意义
法律性	应避免敏感字样、形状
结构性	logo整体形象规划不同，会给人以不同的心理感受
色彩性	常用红、黄、蓝这三种比较亮丽的颜色，容易吸引人的眼球

图 4-2　logo 的性质

3. logo 的设计制作

一般宠物店logo都是找专业logo设计公司设计制作的。在设计制作过程中，可以将自己对logo的要求和想法与logo设计人员沟通交流，以便设计的logo达到自己的期望值。

三、招牌设计

宠物店的招牌设计需要吸引顾客的注意，展示出宠物店的特色和品牌形象。店主可参考如图4-3所示的要点来设计吸引人的宠物店招牌。

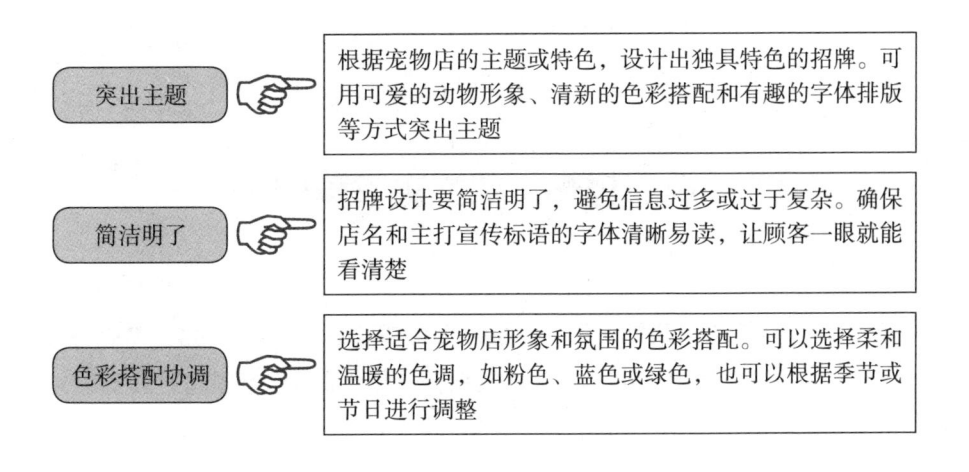

突出主题	根据宠物店的主题或特色，设计出独具特色的招牌。可用可爱的动物形象、清新的色彩搭配和有趣的字体排版等方式突出主题
简洁明了	招牌设计要简洁明了，避免信息过多或过于复杂。确保店名和主打宣传标语的字体清晰易读，让顾客一眼就能看清楚
色彩搭配协调	选择适合宠物店形象和氛围的色彩搭配。可以选择柔和温暖的色调，如粉色、蓝色或绿色，也可以根据季节或节日进行调整

形状有创意	考虑采用创意形状，如动物造型、骨头图案、爪印图案等与宠物相关的元素设计招牌。这样能够吸引更多目光并增加趣味性
添加照明效果	考虑在招牌上添加适当的照明效果，增加视觉冲击力。可以选择使用LED灯带、霓虹灯等照明工具进行点缀，使招牌在夜晚也能吸引顾客注意
与外立面协调	确保招牌与宠物店外立面风格协调一致。整体视觉效果要统一且和谐，提升整体品牌形象
考虑周围环境	在设计招牌时，要考虑周围环境因素，如周边建筑、交通情况等。确保招牌能够在周围环境中引人注目，容易被顾客发现
选择环保材料	考虑使用耐用性好且易于清洁的环保材料制作招牌。这样不仅符合现代消费者对绿色环保的追求，也有助于降低后期维护成本

图 4-3　宠物店招牌设计的要点

温馨提示

招牌设计完成后可以邀请团队成员或顾客提供反馈意见，并根据反馈意见进行修改优化，确保最终设计符合大众口味并具有吸引力。

第二节
色彩搭配，营造温馨氛围

一般来说，顾客进入店铺的第一感觉来自店铺的各种色彩。因此，在店铺内部恰当运用色彩，调整好店内环境与色彩的关系，能对形成特定氛围起到积极的作用。

一、色彩搭配的原则

店铺装修的视觉效果是需要多方面因素支撑的，其中色彩的巧妙搭配以及综合运用就是一个至关重要的方面。色系选择不对，或者色彩搭配不符合大众审美，这样的店铺即使其他因素配合得再好也会给人不忍直视的感觉。因此，店主在装修时要遵循如图4-4所示的色彩搭配原则。

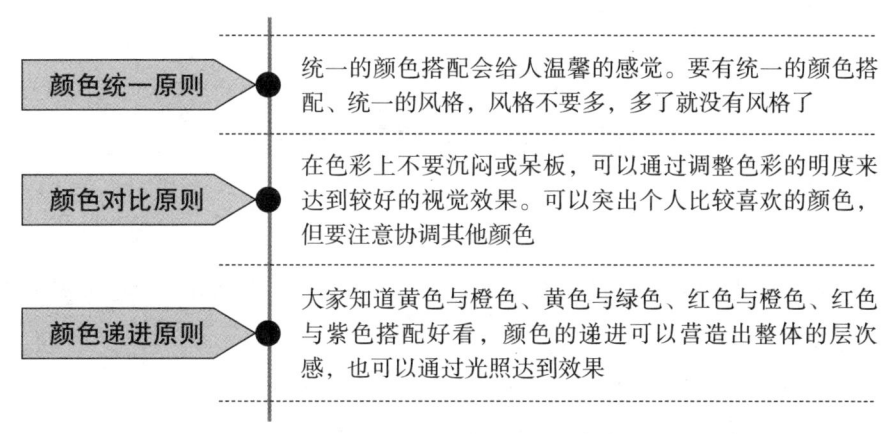

颜色统一原则	统一的颜色搭配会给人温馨的感觉。要有统一的颜色搭配、统一的风格，风格不要多，多了就没有风格了
颜色对比原则	在色彩上不要沉闷或呆板，可以通过调整色彩的明度来达到较好的视觉效果。可以突出个人比较喜欢的颜色，但要注意协调其他颜色
颜色递进原则	大家知道黄色与橙色、黄色与绿色、红色与橙色、红色与紫色搭配好看，颜色的递进可以营造出整体的层次感，也可以通过光照达到效果

图 4-4　色彩搭配的原则

二、整体色调的选择

一家宠物店内部的整体色调是非常重要的。如果整体色调够亮丽，就会吸引顾客进店观赏。如果宠物店的内部整体色调太过简单，吸引顾客眼球就会变得非常困难，自然吸引顾客进店的概率就会变小很多。

宠物店的颜色搭配也是非常重要的，颜色搭配应该充分考虑到宠物和宠物主人的需求。宠物店的颜色应该温馨、明亮，以便于宠物主人和宠物的活动和交流。同时，颜色搭配也应该考虑到宠物的天性，例如猫咪比较喜欢暗淡的颜色，而小狗则比较喜欢明亮的颜色。

大多数情况下，建议宠物店整体色调采用暖色调，比如采用粉红、米黄、浅蓝等色调，这样容易给人一种温馨的感觉，同时宠物也会有一种家的感觉。

> **温馨提示**
>
> 店内的主体颜色最好不要超过三种,太多给人感觉不太美观。最重要的是,一定要和门店的经营类型、风格等有一定关联。

第三节
内部装修,注重质感细节

店铺的内部装修效果直接关系到宠物店是否吸引人,是否让人动心。好的室内装修可以使环境优雅明亮,给客人留下好的印象。

一、装修材料的选择

装修就要选好装修材料。目前市场上的装修材料有大理石、塑料、木材、玻璃、皮革等,店主可根据自己的经济情况慎重地选择装修材料及风格。

二、装修的细节

一般来说,店内的装修主要从天花板、墙壁、地面三方面进行考虑,具体如图4-5所示。

天花板	墙壁	地面
若想让宠物店显得空旷一点,可以把天花板吊得高一点。天花板过低,会使人产生一种压抑感	现在装修提倡使用墙纸,这样比较方便。但是切记装修的时候要保证墙壁整洁,同时避免使用那些易脱落的材料	宠物店的地面装修最好采用耐脏、耐磨材料,以避免一些小动物在地上磨爪而使地面充满污渍、破洞

图 4-5 内部装修应考虑的细节

第四节 规划布局，合理利用空间

店主在装修宠物店之前需要规划好店铺的整体布局，把每一块区域都规划好，这样才能更好地利用店铺的空间。下面用一家常规宠物美容店的空间布局加以说明。

一、收银台

收银台的颜色最好与店面墙壁和门头的颜色相协调，这样会更加美观。收银台最好放在店面最显眼的位置，比如顾客进门就能够看见的位置，这样顾客需要付款的时候，一眼就可以看到。同时，建议收银台上方最好挂上宠物店的logo，这样显得更为正式，也利于店铺推广。宠物店收银台的设计效果如图4-6所示。

图4-6 宠物店收银台的设计效果

二、美容接待室

美容接待室是顾客带宠物美容休息的地方，也应该是宠物店最吸引人的地方，在设计时需注意以下事项：

（1）接待室最好用墙或其他隔断物与工作区区分开，防止顾客进入工作区，影响宠物美容师的工作。宠物店美容接待室设计的效果如图4-7所示。

（2）可在房间里放置一些椅子、咖啡桌以及关于宠物的杂志和书籍，让等待的顾客可以在此休息。

（3）可以放置一张展示台，出售一些宠物用品，以增加经济收入。展示台也可以放置一些有品位的装饰物。比如，可以放置宠物的照片或宠物美容师的宠物美容获奖作品照片；也可以放置一些缎带、可爱的动物毛绒玩具等。

（4）接待室放置醒目的价目表是很有必要的。不同大小、类型的宠物美容的价格应该标示清楚，额外的要求，如除跳蚤、扁虱或解毛结等服务也应标明价格。

图4-7　宠物店美容接待室的设计效果

三、美容工作区

工作区要布置得宽敞、明亮，要把常用的工具放在手边以保证最高的工作效率。美容桌应该放在房间最明亮的地方，笼子应该安排在离美容桌最近的墙边，本着空间利用最大化原则来摆放。

如图4-8所示的设计就解决了放置不同体形的宠物这一问题。一共三层的排列空间，大大增加了宠物的收纳数量，而每层大小不同的空间容积，为不同体形的宠物提供所需要的空间。同时，明亮的灯光也会给宠物安全感。

图 4-8　宠物笼的设计效果

安装浴缸时要考虑宠物美容师的身高,一般安在宠物美容师腰的高度是最舒服的,浴缸周围手方便拿到的地方要设置放洗澡用品的架子。

如图 4-9 所示的楼梯以及大而深的浴缸设计,不仅解决了形体较大的宠物洗澡问题,让其进入浴缸以及洗澡更加便捷,也使人工操作更加方便。同时,摆放整齐有序的物品让宠物美容师在使用时更加顺手,也使房间看起来更加整洁。

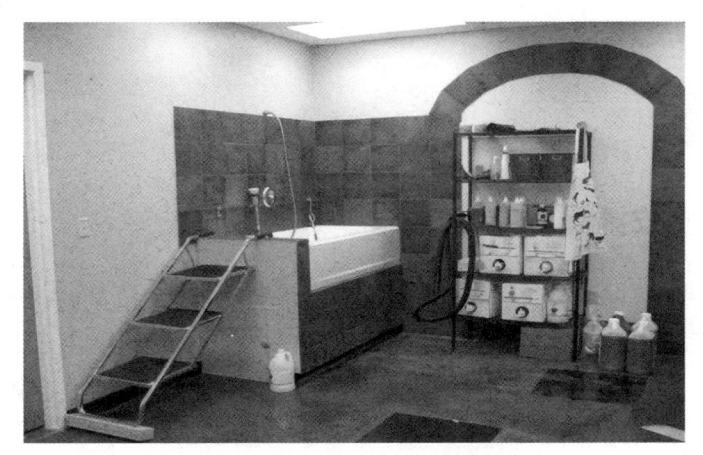

图 4-9　美容室的设计效果

四、休息区

如果宠物店的空间够大,不妨划分一块区域用来做顾客的休息区。在宠物店生意特别繁忙的时候,会出现顾客等待的情况。设置一个休息区不仅能很好地解决这个问题，还能让顾客感受到宠物店带给他们的周到贴心的服务。

五、店面死角

有些店面并不是很方正，所以就会存在一些死角。大多数宠物店都将这些死角位置闲置了。其实我们可以很好地利用这些死角位置，比如放置一些有关宠物店的宣传展架、图册等给顾客欣赏，帮助顾客更好地了解宠物店。

> **温馨提示**
>
> 对于那些小面积的宠物店来说，一定要充分利用好店铺有限的面积，尽量让店铺的每一平方米都能发挥最大的作用。

第五节 功能设计，突出方便实用

宠物店的设计不仅要美观，还要注重实际的用途。

一、灯光安排

宠物店里灯光是少不了的，对于灯光的安排要合理。一般宠物店的灯光主要有白色光、暖色光、蓝色光等几种类型。设计时白色光要置于顶层，暖色光可以安排在第二层或稍低位置，这样布局暖色光不会干扰到上层白色光对屋子的整体照明效果，反而会起到很好的衬托作用。

二、排风系统

宠物店的通风很重要，因为在宠物店的经营中每天都会有各种宠物进出，难免会产生一些气味。如果店内的通风设置有问题，那么宠物店的气味就会差很多，很容易把顾客拒之门外。因此，宠物店在设计的时候需要特别注意排风系统，让店铺的气味小一点，带给顾客良好的逛店体验。

排风扇应采用大功率的，而且应多布置一些。

三、排污系统

宠物店必须考虑排污方面的需求。一般宠物店为了节省空间，会将宠物笼叠起来排放，由于笼子经常会用水冲洗，所以要考虑好排污系统的设计问题。

四、电力系统

宠物店的电力系统要设计好，要能够提供充足的照明，要可以带动电剪刀、吹风设备等电器，还要在炎热的夏天或寒冷的冬天使用空调。

> **温馨提示**
>
> 宠物店需要用到的大功率电器非常多，因此在装修的时候就要注意电线的选择。

五、地漏及防滑系统

店铺的大厅及洗漱区都应设计地漏，因为长时间用水打扫清洁的话，有排水的地漏会更方便。地板砖建议用防滑砖，因为店铺会时常需要冲洗地面，会有水渍残留，如若使用玻化砖，容易致人滑倒。

六、音乐系统

不同的音乐对人和宠物有不同的影响。舒缓的音乐会让人和宠物神经放松，给人和宠物舒适的感觉，同时也可减少外界带来的噪声污染。因此，在店铺中适时播放一些柔和的音乐，有助于提升店铺的魅力。

相关链接

宠物店装修注意事项

一家宠物店，不仅要能够满足顾客的多种需求，其装修还得具有个性，这样才能更好地吸引顾客。那么，宠物店装修有哪些要注意的地方呢？

1. 宠物店的装修设计要简约大气

宠物店的装修不必过于华丽，最好是做到简约大气，让人感觉舒适。过于华丽的装修会让顾客下意识地忽略店铺内的产品，而且这样装修开销也不少。

2. 宠物店的装修设计要实用

有些宠物店不仅仅销售宠物用品，同时也会经营其他项目，比如说宠物寄养、宠物美容等。因此，不但要考虑店铺的美观性，更要考虑店铺的实用性，这样会让店铺的面积利用率更高。

3. 根据宠物店的规模来装修

每位开宠物店的投资者都要明确一个问题，那就是好的装修效果虽然能为店铺的经营锦上添花，但也不能只重视装修而忽视店铺的本质。如果宠物店的面积只有20平方米，却非要装修得富丽堂皇，往往会产生适得其反的效果，让顾客感觉进错了店，产生不信任感。

4. 根据开店的预算来装修

如果你开店的预算只有几万元的话，最好将这些钱花在货品、店租、人工等方面。只有把宠物店的内部"硬件"做好了，才能为大家带来优质的宠物服务，从而吸引到更多的顾客。等到获得一定的利润之后再去改善外在的"软件"也是不迟的。到那个时候再装修或许还能给顾客带来耳目一新的感觉，让宠物店的生意更上一层楼。

5. 根据总部的指导方案来进行装修

如果你是开加盟连锁店的话，总部是会免费为你量身打造开店指导方案的，其中自然也包括了店内的装修设计方案。

案例

老店装修，焕然一新

××宠物店是一家经营多年的老店，位于市中心繁华的商业区，周边有多个住宅小区和公园，人流量大，宠物爱好者众多。前些年一直都有固定的客源，生意很红火。可近几年，随着店铺周边几家新宠物店开张，客源越来越少，生意每况愈下。店主找到以前的老客户一打听，才知道大家都觉得店里装修陈旧，布局也不合理，体验感不如周边新开的宠物店。于是，店主立即决定重新装修，并提出"温馨、舒适、专业"的装修理念，希望顾客一进入店内就能感受到家的温暖和专业的宠物服务。

鉴于这个理念，门店采取了以下装修方案：

（1）门头设计：门头采用了醒目的橙色和白色搭配，以吸引顾客的注意力。门头上方设计了可爱的宠物图案，与店名××相得益彰，传递出宠物店的专业性和温馨氛围。

（2）内部空间布局：店内空间布局合理，分为宠物用品区、宠物食品区、宠物洗护区、宠物医疗区等多个区域。各区域之间有明显的分隔，但又不失整体感。同时，店内设置了多个宠物活动区域，如宠物游乐场、宠物休息区等，让宠物在店内也能尽情玩耍。

（3）材质与色彩选择：店内装修采用了环保、无毒、易清洁的材质，确保宠物和顾客的安全与健康。色彩方面以柔和的暖色调为主，如米色、黄色等，营造出温馨舒适的氛围。

（4）照明与通风：店内照明充足且柔和，为顾客提供了舒适的消费环境。同时，安装了良好的通风设备，确保店内空气清新、异味少。

经过精心设计和装修，××宠物店焕然一新。顾客一进入店内就能感受到温馨舒适的氛围和得到专业的宠物服务，宠物在店内也能得到良好的照顾并拥有自在的玩耍空间。店主表示，自从装修后，店铺的客流量明显增加，顾客满意度也大大提高。

第五章

开业筹备

导　言

不管做什么事情，都要做好周密细致的准备工作，开店也是如此。开店要从点点滴滴做起，重视每一个细节，尤其是在前期筹备时就要尽可能面面俱到。只有充分重视前期的筹备工作，才能真正地为以后的顺利经营铺平道路。

第一节
办理手续，让店铺身份合法

哪怕是再小的店，开店也需要办理相关手续，以确保符合国家法律法规和行业标准。为了能够顺利地开展业务，经营者应办好相应手续。

一、选择企业经营组织形态

目前，企业经营组织形态大体可分为：个体工商户、个人独资企业、一人有限责任公司、合伙企业、有限责任公司和股份有限公司。不同的企业经营组织形态，其设立性质与条件、个人责任承担、税收优惠政策及法律责任也不尽相同，经营者可以根据自身的需求和情况选择合适的企业经营组织形态。同时，建议咨询专业人士，以获取更合理的建议和指导。

二、办理营业执照

营业执照是市场监督管理机关发给工商企业、个体经营者的准许从事某项生产经营活动的凭证。营业执照的格式由国家市场监督管理总局统一规定。没有营业执照的工商企业或个体经营者一律不许开业，不得刻制公章、签订合同、注册商标、刊登广告，银行不予开立账户。

办理营业执照时，申请人需提供本人身份证、营业场所证明等相关材料向当地工商部门提交申请。

> **温馨提示**
>
> 自2016年10月1日起，全国开始全面实行营业执照、组织机构代码证、税务登记证、社会保险登记证和统计登记证"五证合一"。

三、申请许可证

根据所在地的规定，经营者还需要申请特定的许可证件。比如，售卖活体宠物需要办理犬类经营许可证，饲养宠物需要申请宠物饲养许可证，开展宠物医疗服务还需办理动物诊疗许可证以及执业兽医资格证等。

若经营者选择加盟宠物连锁经营公司，还应取得相应的企业品牌使用权。

四、注册商标

如果想打响自己的品牌，可以考虑注册商标。注册自己的商标不仅可以在全国范围内对自己的品牌进行法律保护，还可以提升合股投资时的品牌估价。在注册商标时，通常需要提供营业执照作为申请材料。经营者可根据具体情况选择商标注册服务公司或知名的商标注册代理网站代办商标注册。

五、开立对公账户

选择一家合适的银行，准备好相关材料，如身份证、营业执照等，前往银行开立企业账户。

经营者可根据店铺的具体情况看是否需要办理对公账户。如果是比较小的店铺，用不上对公账户，前期也可以不用办理。

六、申领发票

经营者携带相关材料前往当地税务机关，按规定程序申领发票。

> **温馨提示**
>
> 不同的城市，办理同一手续所需的证件可能会不一样。在办理相关手续时，经营者应根据当地政策和实际情况，咨询当地相关部门或专业人士，以确保办理手续的准确性和合规性。

第二节
购买设备，让店铺正常运转

经营一家宠物店需要什么设备，取决于宠物店的类型和规模。店主应根据自己门店的实际情况，购买相应的设备，以保证门店正常运转。

一、设备需求评估

店主需根据宠物店的经营范围和规模，评估所需的设备类型和数量。比如，如果提供宠物美容服务，就需要购置洗澡台、吹风机、剪刀等设备。

店主在选购设备时，一定要根据实际需求，选择适合宠物店的规格、型号和性能的设备，从而提高工作效率。

二、选择合适的设备品牌和供应商

在购买设备时，店主要选择可靠的品牌和供应商，确保设备的质量和售后服务。同时，应根据预算进行合理的选择，对不同供应商的设备的报价和质量进行比较，以确保获得最具性价比的设备。

三、设备维护和更新

设备购置后，需要定期维护和保养，以确保设备的正常运行。同时，应根据市场需求和技术迭代，适时更新设备，以提升宠物店的竞争力。

相关链接

宠物店的常用设备

1. 顾客接待设备

（1）接待台。宠物店的接待台是与顾客沟通的窗口，需要配备电脑、电话机、传真机、复印机等办公设备，用于接收和处理顾客的咨询和服务需求。

（2）电视机。在宠物接受服务的过程中，可以让顾客在电视机上观看与宠物相关的有趣视频，或者是与宠物养护相关的视频，打发无聊时光。

（3）空气净化器。宠物店的宠物数量较多，因此宠物店内的空气质量也很重要。空气净化器可以净化空气中的异味和细菌，让店内保持良好的空气质量，为人和宠物提供良好的环境。

2. 销售设备

（1）收银机或POS机。用于快速计算顾客所购商品的总额，实现快速结算。

（2）条码扫描器。用于记录固定价格的商品，提高工作效率，同时可防范人为出错的风险。

（3）标签打印机。用于打印宠物产品的价格标签，便于管理。

3. 宠物护理设备

（1）宠物用品展示柜。用于展示宠物用品，如宠物衣物、宠物玩具、宠物牵引带等。

（2）宠物洗浴设备。包括宠物洗浴台、宠物浴盆、宠物电吹风、宠物剃毛器、宠物干燥机等，用于宠物洗浴、美容服务。

（3）宠物保健设备。包括宠物保健器具（如眼药水）、宠物医药设备（如血压计、体温计、手术器械）等，用于宠物的保健。

（4）宠物食品制作设备。如搅拌机、磨粉机、打蛋器等，这些机器可以帮助宠物店快速、方便地制作出高质量的宠物食品，提高工作效率。

（5）其他宠物设备。如宠物笼、宠物运输箱、宠物垫、宠物尿布和宠物清洁工具等。

4. 店铺管理设备

（1）安全监控系统。宠物店需要保障宠物安全，因此安装安全监控系统是必要的。安全监控系统可以监控宠物店内部的情况，及时发现并处理异常情况，确保宠物的安全。

（2）网络设备。宠物店需要快速响应消费者需求，主动推销宠物产品和服务，因此需要借助网络设备来进行商业宣传，如路由器、工作手机等。

第三节
打通渠道，让店铺货源充足

对于宠物店来说，货源的品质和稳定性直接关系到门店的生意。只要掌握货源，拿到质量稳定、价格合理的货品，就能为店铺打造出良好的口碑。

一、常见的采购渠道

一般来说，宠物店常见的采购渠道如图5-1所示。

① 从厂家直接进货
② 到批发市场进货
③ 从代理商处进货
④ 从电商平台进货
⑤ 连锁总部提供货源
⑥ 国外代购

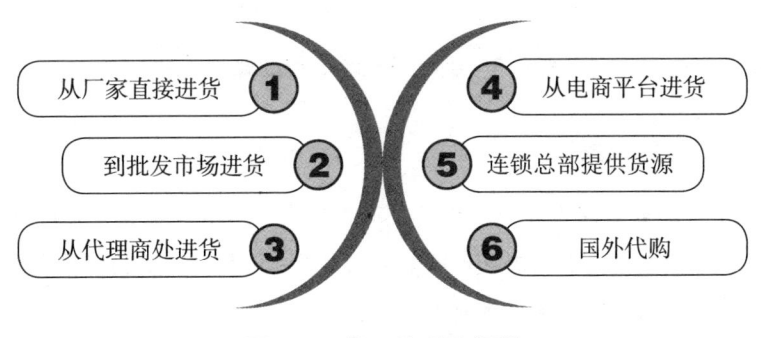

图 5-1　常见的采购渠道

1. 从厂家直接进货

店主可以联系一些生产宠物产品的厂家，跟厂家协商，从厂家直接进货。这是一种比较安全的采购渠道，其优缺点如图5-2所示。

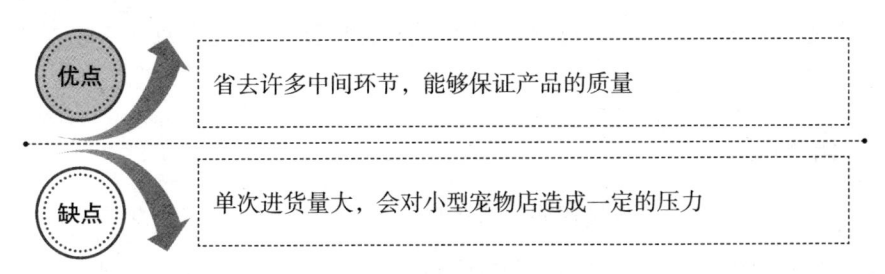

优点：省去许多中间环节，能够保证产品的质量

缺点：单次进货量大，会对小型宠物店造成一定的压力

图 5-2　从厂家直接进货的优缺点

2. 到批发市场进货

到批发市场进货，一次可以不需要进大量的货，从而降低库存积压的风险。但是，如图5-3所示，这种采购渠道有一定的弊端。

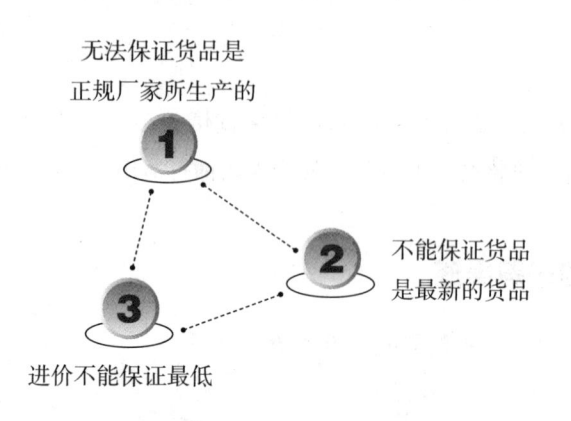

① 无法保证货品是正规厂家所生产的

② 不能保证货品是最新的货品

③ 进价不能保证最低

图 5-3　到批发市场进货的弊端

3. 从代理商处进货

无论是国外的知名品牌还是国内的厂商，都有自己的代理商。一般来说，厂家会把产品销售给代理商，然后由代理商分销到全国。但是，每层的代理商都要加价，这对创业者来说，无疑增加了进货成本。

4. 从电商平台进货

近年来，随着电商的发展，许多宠物用品批发商在网络上开设了店铺，提供各种宠物用品。网上批发价格相对较低，但需要承担一定的物流费用。

5. 连锁总部提供货源

如果是加盟连锁店的话，进货就不必担心渠道问题了。连锁总部一般会提供货源，解决进货渠道问题。

6. 国外代购

一些宠物店也会选择通过代购渠道进口国外宠物产品，如宠物食品、宠物用品等。代购价格相对较高，但品质比较好控制。

> **温馨提示**
>
> 除了上面介绍的几种采购渠道，店主也可以参加当地的宠物用品展览会。在展览会上，可以与多家宠物用品批发商或制造厂商建立联系，从而拓宽采购渠道。

二、采购质量控制

采购时要严格把好进货关，对供货商有一定的了解，比如供货商是不是合法经营实体。在进货时要选择两家以上的供货商，这样做的好处如图5-4所示。

好处一	促进供货商在商品质量、价格和服务等方面的竞争
好处二	有效防止进货人员与供货商之间有不正当交易，比如回扣行为
好处三	及时掌握商品信息、商品动态，从而做到有的放矢
好处四	货品样式有更多选择，避免了单一货源造成的款式单一乃至消费者使用疲劳

图5-4 "货比三家"的好处

三、采购注意事项

新手开店，需要慢慢积累经验。在采购货品时，注意事项如图5-5所示。

不能光看价格	不能光用自己的眼光挑选产品
一次进货不要贪多	产品多样化

图5-5 采购注意事项

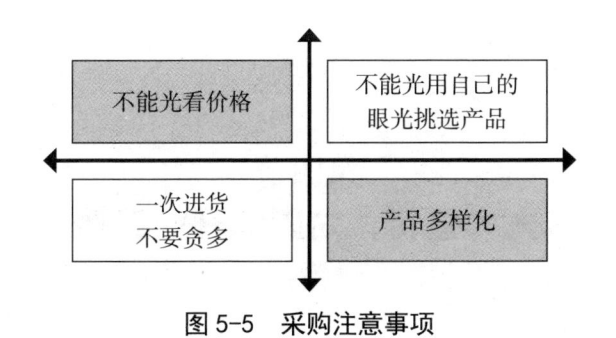

1. 不能光看价格

宠物店进货的时候不能光看价格，要看价值，就是要看性价比是否高。在销售环境和实力允许的情况下，坚持性价比最高原则。另外，所购产品的档次代表着店面的档次和店主的眼光，因此店主在进货的时候不能光看价格。

2. 不能光用自己的眼光挑选产品

进货时，店主不能仅凭自己的眼光挑选产品，而应该多去周围的宠物用品零售店以及宠物用品批发市场逛逛，了解别人都在卖什么产品。店铺进货的最终目的是销售，因此，不管店主个人是否喜欢，产品好卖就是关键。在这方面，店主可以咨询宠物用品批发商或是更有经验的人士以获取更多建议。

3. 产品多样化

进货时需要注意产品多样化，以满足市场需求、降低经营风险、促进供应链优化、提升创新能力和实现可持续发展。

4. 一次进货不要贪多

很多第一次开店的人因为眼光不准，一次进货太多，导致有些产品滞销，积压太多，影响店铺的资金链。

> **温馨提示**
>
> 每次进货后，要注意观察货品的市场反应、货品在一定周期内的销量以及货品的利润率，以方便日后补货。

第四节
大力宣传，为店铺开业造势

做好店铺开业前期的宣传工作，对后期的发展有很好的促进作用。因此，店主在开业之前一定要做好宣传工作，这样才能让开业活动效果最大化。

一、开业活动的准备工作

新店做开业活动往往是为了赢得顾客的关注、提高店铺的知名度,从而推动销售工作。只有前期的准备工作做好了,才能保证开业活动达到理想的效果。因此,创业者在开业活动的准备阶段需要做好的工作如图5-6所示。

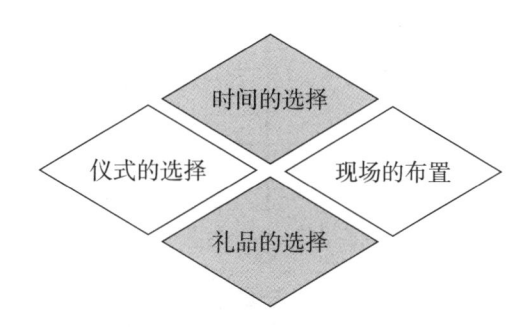

图 5-6 开业活动应做的准备工作

1. 时间的选择

店主在新店开业时为图吉利,往往要选择一个合适的日期。店主可以根据当地习俗选择适当的开业日期,但不应该为图吉利而忽视其他因素。一般情况下,开业日期应选择法定休息日等能吸引更多消费者的日期。另外还要考虑天气等客观因素。

2. 现场的布置

开业活动现场应布置得喜庆祥和。新店应该在开业活动前一天完成开业活动现场的布置工作。具体的开业活动现场布置方案可根据店主的经济状况、店铺的规模等自行确定。如果条件允许可在店铺前悬挂气球、彩旗和条幅等装饰物。店内也要适当安放一些宣传标语并为出席活动的嘉宾准备桌椅等。

3. 礼品的选择

对于新开业的店铺,顾客的直接印象就是店铺的装修、产品的种类等方面。在开业活动期间如能给顾客赠送一些实用的小礼品,往往能给顾客一个很好的体验,从而促进销售。

4. 仪式的选择

开业活动仪式的类型如图5-7所示。

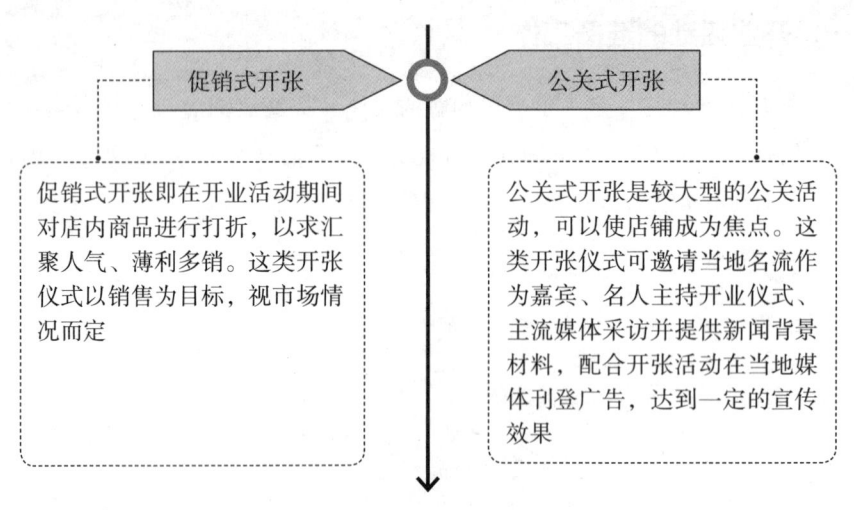

```
┌─────────────┐   ○   ┌─────────────┐
│  促销式开张  │──┬──│  公关式开张  │
└─────────────┘  │   └─────────────┘
       │         │          │
       ▼         │          ▼
┌─────────────┐  │   ┌─────────────┐
│促销式开张即在│  │   │公关式开张是较│
│开业活动期间  │  │   │大型的公关活  │
│对店内商品进行│  │   │动，可以使店铺│
│打折，以求汇  │  │   │成为焦点。这  │
│聚人气、薄利多│  │   │类开张仪式可邀│
│销。这类开张  │  │   │请当地名流作  │
│仪式以销售为  │  │   │为嘉宾、名人  │
│目标，视市场情│  │   │主持开业仪式、│
│况而定        │  │   │主流媒体采访  │
└─────────────┘  │   │并提供新闻背景│
                 │   │材料，配合开张│
                 │   │活动在当地媒  │
                 │   │体刊登广告，达│
                 │   │到一定的宣传  │
                 │   │效果          │
                 │   └─────────────┘
                 ▼
```

图 5-7　开业活动仪式的类型

> **温馨提示**
>
> 开业前夕，店主需要做好万全的准备，以防出现意外事件无法处理，最终导致宠物店开业失败。

二、开业活动的宣传方式

常见的开业活动宣传方式主要有以下几种：

1. 开业预告宣传

开一家店，开业预告宣传十分重要。开业预告宣传的方式有很多种，无论是特色的店面广告、路牌广告，还是有声的电台广告，都会有不同的宣传效果。要善于利用开业预告做宣传，将店里的特色展现出来，吸引顾客前来消费。

2. 小区宣传

对于新开业的店铺来说，比较直接有效的宣传方法就是在店铺所在的小区进行开业活动的前期宣传，具体措施如图5-8所示。

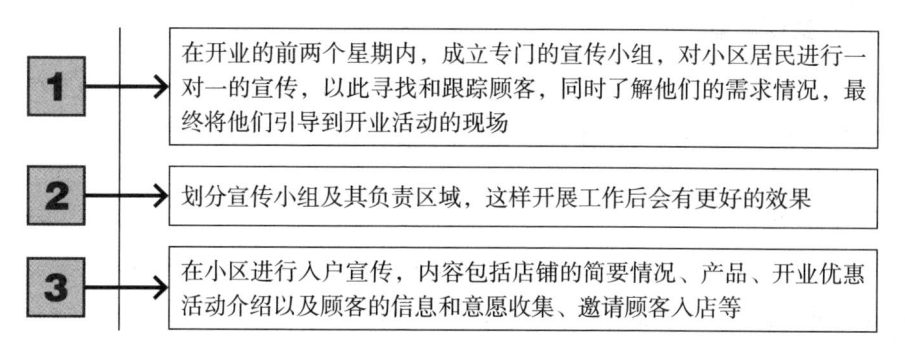

1. → 在开业的前两个星期内，成立专门的宣传小组，对小区居民进行一对一的宣传，以此寻找和跟踪顾客，同时了解他们的需求情况，最终将他们引导到开业活动的现场

2. → 划分宣传小组及其负责区域，这样开展工作后会有更好的效果

3. → 在小区进行入户宣传，内容包括店铺的简要情况、产品、开业优惠活动介绍以及顾客的信息和意愿收集、邀请顾客入店等

图 5-8　小区宣传措施

3. 印刷品宣传

设计并印刷传单、海报、名片等宣传材料，将其在周边居民区、兽医诊所、公园等地方进行分发。要确保印刷品上有清晰的店铺联系方式和地址。

宣传单设计要一目了然，活动主题明显。宣传单要呈现的信息如图5-9所示。

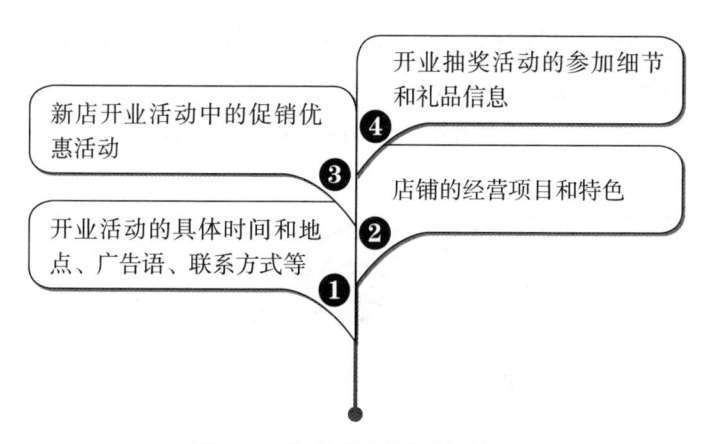

❶ 开业活动的具体时间和地点、广告语、联系方式等
❷ 店铺的经营项目和特色
❸ 新店开业活动中的促销优惠活动
❹ 开业抽奖活动的参加细节和礼品信息

图 5-9　宣传单要呈现的信息

4. 媒体报道

在开业前一个星期，可在本地广播电台、报纸等媒体上做开业宣传。这种宣传讲究临时性、集中性，要造势。

5. 微信朋友圈宣传

可以通过微信朋友圈做开业活动的前期预告宣传，但是这种宣传方式要有针对性。

6. 社交媒体宣传

在社交媒体平台上创建宠物店的账号，并发布有关开业的照片、视频等信息。利用社交媒体的分享和互动功能，吸引更多人关注和分享你的宠物店。

7. 合作推广

与当地兽医诊所、动物保护组织或其他相关企业通过互相推荐客户、共同举办活动或提供优惠促销产品的方式进行合作推广。

8. 网络广告宣传

使用在线广告平台，如谷歌广告、社交媒体广告等，针对特定的地理位置和目标受众进行宠物店开业宣传。

三、开业活动的造势方式

新开一家宠物店，开业是非常重要的，有必要营造出宠物店生意红火的气势，比如说开业的时候人山人海、营业额达到多少（比较高的数值）等。这个气势对于宠物店的未来发展很重要。创业者可按图5-10所示的方式来做好开业活动的造势工作。

借装修为开业造势	借周末为开业造势
借促销为开业造势	借气氛为开业造势

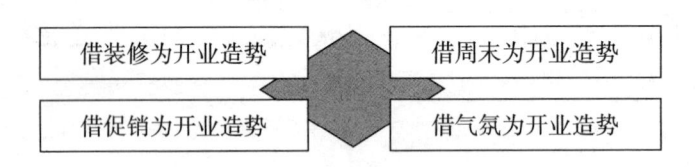

图 5-10　开业活动的造势方式

1. 借装修为开业造势

很多店在装修期间的促销是一片空白的，整个装修期，店门口人来人往，白白浪费了。其实这时可以做一个显眼的大喷绘，一个临时性的广告，花费不是很多，广告内容可以是即将开业的品牌形象宣传，也可以是开店促销的一点透露。

还有一种省钱的方法就是拉一条横幅，写上"距××宠物店开业还有8天"之类的标语，激发顾客的期待感与好奇感，为店铺开业造势。

2. 借周末为开业造势

宠物店开业时间的选择是很重要的，要尽可能多地招揽顾客，引起轰动的效果。一般选在周六或周日开业是最好的，因为一周当中这两天是人们最有购物欲望的两天，也是人流量最多的时候；顾客会有从众心理，喜欢逛热闹的店，喜欢买人气旺的商品。

3. 借气氛为开业造势

开业一定要有开业的气氛，要让顾客知道店铺是新开业。在开业时可以没有烟花，但一定要有至少8个花篮，太少了不行，没有气氛；如果条件允许，也可以有拱门。

4. 借促销为开业造势

如果新店开业没有促销活动，顾客可能会不适应。其实，并不是要求赠送的商品有多大价值，也并不是要求一定要让利很多，只要让顾客觉得实在就行。

温馨提示

宠物店开业一定要有开业的气氛，这样才能够让人知道自己的店铺开业了、店铺是做什么的，才会有顾客源源不断地上门。

相关链接

宠物店开业前如何做宣传

1. 增强品牌意识

要认识到品牌宣传的重要性。品牌宣传不仅对大企业重要，对小店铺也同样重要，同样能产生很好的利益拉动作用。

2. 扩大宣传渠道

加大投入，适当印发宣传资料，把一些促销的信息、产品的信息及特色服务的信息及时传递出去。尤其在销售旺季到来时，更应该这样做，以广泛吸引消费者。

3. 注重店名设计

注重宠物店店名的设计，力求雅俗共赏，富有亲切感、亲和力，做到从店名上就能吸引人。比如，同样是理发店，有的就命名为"××形象设计中心"，把对问题的理解上升了一个层次；同样是花店，有的就命名为"花无缺"，既有来源，又耐人寻味；同样是饺子馆，有人就主张用"天天过年"，把吉祥与美味彰显出来。

4. 讲究店面店内装饰

店面是一家店铺的形象，设计得整洁、美观会给人留下很深的印象，让人就算是闲逛也愿意进去，是吸引人气不可偏废的一笔。在店铺内部多张贴几张宠物用品宣传画，写上欢迎之类的用语，营造出其乐融融的气氛，使顾客有个好心情。

5. 完善牌匾设计

一个完整的牌匾设计内容应包括店铺名称、属性、经营种类范围、门牌位置、联系电话，还应该有广告语，体现经营理念与作风。另外，牌匾用字的大小可以根据设计需求适当调整。

6. 改进与加强服务

普遍来说，店铺的服务对象呈现出明显的区域性，即有一个辐射半径。应着重搞好服务，加强与所在社区及周边单位的联系，吸引回头客，以此作为一种促销手段。

有些店主并不重视店铺的宣传推广工作，导致无论在知名度上还是在对顾客的吸引力上，店铺都要落后于人。落后就意味着劣势，如果在其他方面没有绝对的优势，店铺的经营将越发艰难。

四、举办开业活动

在宠物店开业之际，店主可举办开业活动，吸引顾客前来参观和消费。常见的开业活动有以下几种：

1. 开业庆典

举办盛大的开业庆典活动，邀请顾客、邻居和当地媒体参加。可以有唱歌、舞蹈等娱乐节目，同时提供免费的小吃和饮料。

2. 免费美容护理

提供免费的宠物美容护理服务，如洗澡、修剪、造型等，吸引顾客带宠物前来体验，并在活动期间提供特别优惠。

3. 宠物训练课程

开设免费或特价的宠物训练课程，帮助顾客解决宠物行为问题，并展示店内专业的训练师团队。

4. 宠物时装秀

组织宠物时装秀活动，邀请顾客带着自己的宠物参加。可以设立奖项并提供礼品，增强互动性和娱乐性。

5. 宠物摄影活动

邀请专业摄影师来店内为顾客的宠物拍摄照片，提供优惠摄影套餐和精美包装，让顾客珍藏这份美好的回忆。

6. 宠物品种展示

邀请养殖者或宠物协会来店内展示特殊品种的宠物，如纯种猫狗、爬行动物等。提供专业的解说和咨询服务，吸引顾客前来了解和购买。

7. 宠物健康咨询

邀请兽医或宠物健康专家来店内提供免费的健康咨询和体检服务。可以为顾客解答关于宠物健康和护理方面的问题，并推荐适合的保健产品。

8. 社交媒体互动活动

在开业活动期间，鼓励顾客在社交媒体上分享他们进店消费的照片和视频，并使用特定的标签或主题。可以设立抽奖活动，从中抽取幸运顾客并赠送特别礼品或优惠券。

9. 宠物竞赛活动

举办宠物竞赛活动，邀请顾客带着自己的宠物参加比赛，评选出最可爱宠物奖、最有趣技能奖、最时尚造型奖等奖项，并颁发奖品。

10. 慈善活动

与当地的动物保护组织或慈善机构合作，举办慈善活动。可以捐赠部分销售额或举办义卖活动，为流浪动物筹集资金。

11. 促销活动

在开业活动期间提供特别的促销优惠，如买一送一、打折销售等，吸引顾客前来消费，增加销售额。

12. 客户回馈活动

为初次进店的顾客提供优惠券、折扣或赠品，并制定积分制度或会员计划，以激励他们再次进店并将店铺推荐给其他人。

> **温馨提示**
>
> 在举办宠物店开业活动时，要确保活动内容与目标受众相关，并提供有吸引力的奖品和优惠。同时，积极利用社交媒体和其他渠道进行宣传，吸引更多顾客参与活动。在活动期间提供优质的服务，给顾客留下良好的印象，促使他们成为长期忠实的客户。

第六章
商品管理

导　言

　　商品售卖作为宠物店最重要的一个板块，店主对商品陈列、商品结构、商品价格等方面都需要进行把控，从而达到陈列合理、库存较小、成本降低的目的。在增加商品销量的同时，降低商品积压的风险。

第一节
精心陈列，突出商品优势

宠物商品种类繁多、形态各异，考虑到商品档次、目标顾客、店面大小、空间格局和营销策略等方面的具体情况，不同的陈列方式会有非常大的销售差别。如果能够突出商品的特色和优势、营造良好的氛围、充分展示商品形象，就能更好地吸引顾客，促进销售。

一、系列化陈列

系列化陈列是指通过精心地选择、归纳和组织，将某些商品按照系列化的原则集中在一起陈列。系列化陈列的方法如图6-1所示。

功能、风格相同，款式不同的宠物商品归为一类陈列	材料、类型相同，颜色不同的宠物商品归为一类陈列	同一品牌不同种类的商品归为一类陈列	种类不同，但可以相互配套的商品和与之成系列的饰品等归为一类陈列

图 6-1　系列化陈列的方法

如图6-2所示，系列化陈列通过错落有致、异中见同的商品组合，给顾客留下全面、系统的印象。

图 6-2　系列化陈列效果图

二、对比式陈列

对比式陈列是指在商品的色彩、质感和类型上,或是在设计构图、灯光、展柜、展台等的运用上,采用对比性强的方式进行陈列,展示商品间的反差,达到主次分明、相互衬托的展示效果,从而实现突出新商品、独特商品、促销商品和专利商品等主要商品的目的。

如图6-3所示,对比式陈列中心突出、视觉效果明显,能够使被陈列的商品大大增强表现力和感染力。

图6-3 对比式陈列效果图

三、重复性陈列

重复性陈列是指将同样的宠物玩具、宠物食品以及标识、广告等,在一定范围内或不同的陈列面上重复出现,通过反复强调和暗示,加强顾客对商品或品牌的视觉感受。

重复性陈列可使顾客受到反复的视觉冲击,从而起到该商品是唯一选择的暗示作用,给顾客留下十分深刻的印象。

四、层次性陈列

层次性陈列是指将同一卖点的不同商品、同一品牌的不同产品等按照一定的分类方法依次摆放,使顾客能迅速确定自己的购买目标,方便快捷地选择和购买。按不同的要求,层次性陈列的方法如图6-4所示。

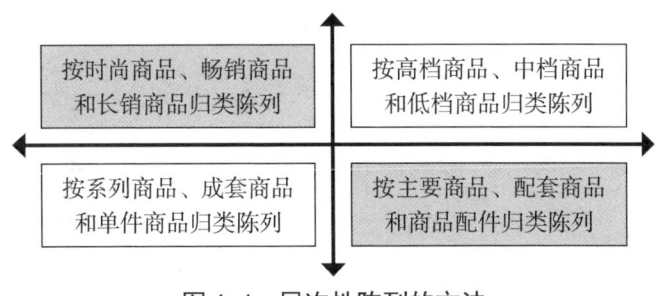

```
按时尚商品、畅销商品          按高档商品、中档商品
和长销商品归类陈列            和低档商品归类陈列

按系列商品、成套商品          按主要商品、配套商品
和单件商品归类陈列            和商品配件归类陈列
```

图 6-4 层次性陈列的方法

层次性陈列分类清晰、主次鲜明、标识突出，可以吸引不同类型的顾客，方便顾客比较和选择，容易营造出热烈的气氛。

五、广告性陈列

广告性陈列一般比较适合促销商品和利用商品代言人或形象大使进行宣传推广的商品。这种陈列方法主要起到宣传推广的效果，目的是吸引顾客对宠物店主推商品的关注，加深顾客对主推商品卖点的理解，并使顾客产生极为深刻的印象。

如图 6-5 所示，广告性陈列形象生动，具有一定的视觉冲击力和强大的宣传推广作用，有利于顾客对宠物店主推品牌产生联想并加强对宠物店主推品牌的认知。

图 6-5 广告性陈列效果

宠物服装的陈列方式

1. 分类陈列

根据宠物服装的品种、颜色、规格、档次等分别陈列。如泰迪装,现在用四种体形分类代号表示,每一种型号的宠物服装又可以按照胸围、腰围或身高由小到大陈列;再如款式,可以按照颜色的不同(如黑色系列、白色系列、彩色系列等)进行陈列。

2. 主题背景陈列

按一定主题展示宠物服装,使销售卖场形成特定的氛围。比如结合某一特定节日或事件,集中陈列适时的宠物服装;或者根据商品的用途,在一个特定环境中陈列宠物服装。

3. 特写陈列

通过烘托、对比等手法,突出陈列的宠物服装。宠物服装公司在推出本季新款宠物服装时,常采用特写陈列的形式,比如利用特殊光源照射或摆在明显位置,突出重点宠物服装。

4. 整体陈列

目前一些宠物店热衷于这种陈列方法,即不是严格地以分组、分类展示商品,而是以展示宠物服装的整体效果为主。

5. 挂架陈列

宠物服装展示需要各种挂架(挂架的主要功能性用途即整洁地悬挂或展示宠物服装)。不同的宠物店可以根据实际情况选择不同类型的挂架,如滑动的、分体的、可伸缩的等。注意挂架的造型、性能、色彩等要与展示的宠物服装相协调。

6. 柜式陈列

用来展示需要一定承受力或一些带包装的商品,如宠物毛衣、宠物衬衫等。

7. 抛售陈列

这是处理断码或过季宠物服装时采用的一种低成本的陈列方式,即将宠物服装成堆放在各式"花车"上供消费者随意挑选。这种陈列与精心布置的陈列截然不同,它营造的是一种低价、实惠的氛围,主要用于宠物服装促销时的展示。

第二节
综合考量，制定商品价格

对经营宠物店的广大商家来说，商品定价是一种技巧，更是一种艺术，在店铺经营的不同阶段有不同的方法。一般根据宠物店的商品特点、品牌知名度、商品消费群体的收入和竞争对手的商品价格来定价。如今很大一部分消费者尤其看重商品价格，价格合理的话，就会促进消费。

一、影响定价的因素

商品销售是宠物店最基础且最吸引顾客的一个经营项目。然而，在商品销售方面，要想做得好，关键就在于商品价格的合理定位。那么，影响宠物店商品定价的因素有哪些呢？具体如图6-6所示。

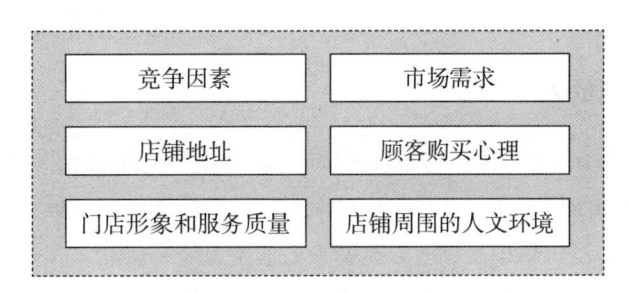

竞争因素	市场需求
店铺地址	顾客购买心理
门店形象和服务质量	店铺周围的人文环境

图 6-6　影响定价的因素

1. 竞争因素

定价时要考虑同类商品和服务的价格水平，看同行的价格如何，然后再根据自己店铺的特色确定价格。如果你的店铺在某个商圈是独一无二的，那么你的定价就可以稍微高一点；如果附近同类店铺很多，价格就不能超过其他店的价格。

2. 市场需求

了解目标顾客群体对宠物商品的需求和购买力。如果你的目标顾客群体更加注重品质和服务，那么可以考虑设置稍高一些的价格；如果你的目标顾客群体对价格更加敏感，那么可以考虑设置较为亲民的价格。

3. 店铺地址

店铺地址对价格的影响是最大的。如果所处地段好，租金贵，价格要高一些，才能收回成本；如果所处地段差，租金相对便宜很多，相同的商品就要用比较便宜的价格来卖，才能受到顾客的垂青。

4. 顾客购买心理

顾客挑选商品时首先考虑的是店铺的特性和形象，然后才做出购买决定。因此，在定价时，要考虑顾客购买时的心理。如果他们对环境的要求比较高，就会选择形象好一点的店铺，价格即使高一些，也不会在意。如果你出售的是大众化的商品，这类顾客主要讲究的是价格便宜、实惠，定价就要低一些，因为价格太高会吓跑他们。

5. 门店形象和服务质量

门店形象好、服务质量高，宠物主人都愿意来你的店里消费，店内商品和服务的价格就可以适当高一些。

6. 店铺周围的人文环境

定价与店铺周围的人文环境息息相关。如果店铺周围都是文化程度较高的顾客，那么他们往往宁愿多花一些钱，以确保自己的宠物能够享受更舒适的消费体验。在这种情况下，即使价格稍高一些，宠物主人通常也能够接受，并认为这样的花费是值得的。反之，如果店铺周围都是文化程度较低的顾客，他们通常更讲究实用性，那么店铺的商品价格就应该稍微低一些，以满足顾客追求实用的需求。

> **温馨提示**
>
> 关于宠物店商品定价，店主不仅需要注意以上这些因素，还需要通过考察来分析当地的消费水平，最终决定宠物店商品的价格。这样会更有利于商品的销售。

二、定价的方法

常用的定价方法如图6-7所示。

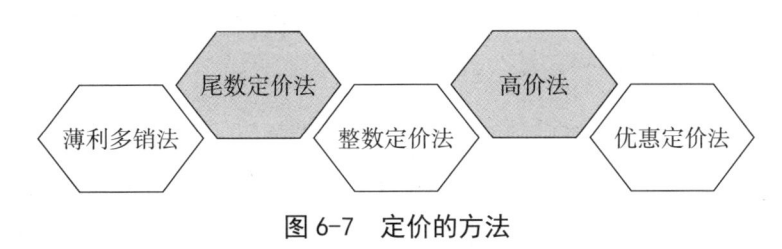

图6-7 定价的方法

1. 薄利多销法

薄利多销就是在商品和服务的定价上采用相对低廉的价格来满足顾客的心理，从而提高市场占有率，赚取利润。薄利其实只是一个相对的概念，在商品市场上商店既要面对顾客挑剔的眼光，同时还要面临同类商品的竞争。在这样的情况下，一些商家为赢得顾客，扩大销路，会在质量优良的情况下采用低价的方法吸引顾客。

薄利看似没什么利润，实际上吸引了更多的顾客，商品的市场占有率提高了，商品的销售量增加了，商店当然可以赚取更多的利润。薄利多销还可使资金周转加快、资金利用率提高。

2. 尾数定价法

尾数定价法可以刺激顾客的消费欲望。这种定价策略的依据是，很多顾客心理上会认为带有尾数的价格（如9.99元）相比整数价格（如10元）显得更低，从而更容易激发他们的购买意愿。

比如，一家商店某款商品的价格定为19.8元，另一家商店同一商品的价格为20元，在其他条件都相同的情况下，一般把此款商品定价为19.8元的那家商店肯定会卖得更好。因为很多顾客会不自觉地忽略后面的尾数，在顾客的心理上，19.8元的商品价格是19元左右，19元与20元相差1元，当然顾客更愿意选择在商品定价19.8元的那家店购买了。现在很多商家就是抓住顾客的这种心理进行定价的。

3. 整数定价法

整数定价法是相对于尾数定价法而言的，就是把价格全部为整数。整数定价法比较适用于高档次的店铺，特别是较高的整数定价，往往能够给顾客留下商品质量上乘、品位高档的印象，满足部分顾客崇尚名牌、购买精品的心理需求。

4. 高价法

高价法是指把商品的价格定得比较高，以高价让店铺在短期内大量盈利。这种方法比较适合那些新推出的商品。在商品投放市场的初期，没有什么竞争对手，因此即使把价格定高一点也没有关系。

5. 优惠定价法

在经营店铺的过程中，价格并不是定了就不能再调整。在定价时，也可以根据市场的情况采取一些优惠措施。比如，顾客一次购买的商品较多时，或是老顾客来店消费时，就可以适当打点折，给予优惠价格。

三、定价的策略

在这个竞争日趋激烈的市场环境中，宠物店保持价格优势是赢得胜利最直接的方法。可以从渠道的源头做起，减少中间环节，大量直接采购，争取厂家让利、给予优惠价格等，总之要千方百计降低成本。在这个前提下，采取灵活的定价策略有助于吸引顾客购买，具体如图6-8所示。

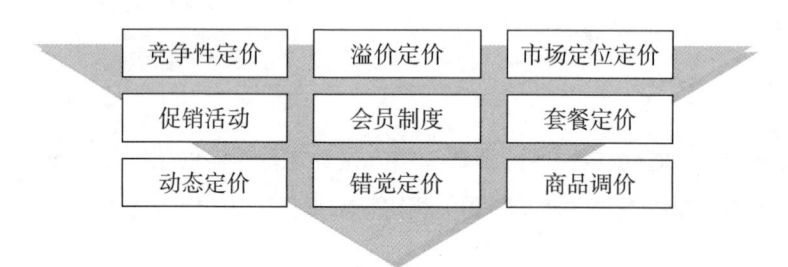

竞争性定价	溢价定价	市场定位定价
促销活动	会员制度	套餐定价
动态定价	错觉定价	商品调价

图 6-8　定价的策略

1. 竞争性定价

根据市场上类似产品的价格水平来制定相对较低的价格，以吸引顾客并增加销量。这种策略适用于畅销产品或者市场上竞争激烈的商品。

2. 溢价定价

对于高端产品或者具有独特附加价值的商品，可以设置较高的价格以体现其品质和独特性。这种策略适用于品牌知名度较高、质量优良以及具有特殊功能的商品。

3. 市场定位定价

根据宠物店的市场定位来制定价格。如果宠物店定位为高端精品店，可以设置较高的价格以体现其产品的高品质和独特性；如果宠物店定位为亲民型店铺，可以设置较低的价格以吸引更多顾客。

4. 促销活动

通过打折、买一送一、送赠品等促销活动来吸引顾客并增加销量。这种策略适用于季节性产品、滞销产品销售以及新产品推广。

5. 会员制度

建立会员制度，为会员提供特别优惠。这样可以吸引顾客成为会员，并提高顾客的忠诚度和购买频率。

6. 套餐定价

将多个相关商品组合成套餐，并以较低的价格销售。这种策略可以促进销售，同时能够提高顾客购买多个商品的意愿。

7. 动态定价

根据市场需求和供求关系，灵活调整价格。比如，在需求旺季可以稍微提高价格以增加利润，而在需求淡季可以降低价格以促进销售。

8. 错觉定价

顾客对价格的敏感度大多高于重量。例如，宠物店内的宠物食品一直卖3千克装，定价53元，突然增加一种2.5千克装的，定价45元，一时间非常畅销。仔细算下会发现，其实后者不如前者实惠。

9. 商品调价

在商品调价的时候，可以用红笔把原来的印刷价划掉，旁边用黄笔或者黑笔写上新价格。这种方法简单有效，是利用顾客心理定价的一种策略。该方法的妙处在于：原标价是印刷的数字，往往给人一种权威定价的感觉，而手写的新价一般更便宜，则会使顾客感到实惠，更有诱惑力。

四、定价的注意事项

店主在给宠物店商品定价时的注意事项如图6-9所示。

```
做好顾客调研 → 定期评估和调整 → 定期进行竞争分析 → 定期进行利润分析 → 定期进行价格调整
```

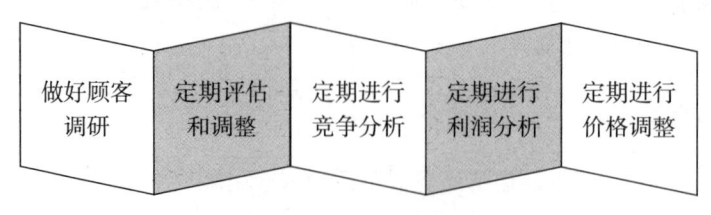

图6-9　定价的注意事项

1. 做好顾客调研

通过调研和顾客反馈，了解顾客对宠物产品的价格敏感度和消费意愿。可以根据调研结果来制定更符合市场需求的价格。

2. 定期评估和调整

定期评估商品的销售情况和顾客反馈，如果发现某个商品价格过高或过低，可以适当调整以改善销售效果，并根据市场需求和竞争状况进行调整。

3. 定期进行竞争分析

定期进行竞争分析，了解市场上类似商品的价格水平和销售情况。根据竞争对手的定价来调整自己店铺商品的定价，以保持竞争力。

4. 定期进行利润分析

定期分析每个商品的利润情况，确保每个商品都能够获得足够的利润。如果某个商品的利润过低，可以考虑调整定价或寻找更具竞争力的供应商。

5. 定期进行价格调整

市场需求和成本情况会随时间变化，因此需要定期进行价格调整。根据市场情况和经营状况，适时对商品进行价格调整以保持竞争力和盈利能力。

第三节
去劣存优，优化商品结构

商品结构是指在特定的经营范围内，依据一定的标准或标志，将所经营的商品系统地划分为不同的类别和项目，并明确界定各类别和项目在商品总构成中的具体比例。商品结构在宠物店的经营中居于枢纽位置。

一、商品结构的组成

一般来说，门店的商品结构类型如图6-10所示。

图 6-10　门店的商品结构类型

1. 竞争商品

竞争商品就是我们常说的大众商品，或是被大多数顾客所认知的"品牌"商品。这部分商品的采购渠道很多，每个宠物店的经营者都能采购得到，但你的店里如果全是这类商品，就肯定赚不到钱。很多自营店做了很长时间后发现，东西没少卖，算下来却没有利润，因为这些商品在每个宠物店都有销售，同质化非常严重，销售又只有一个策略——价格战。

因此，这类商品最好不要超过商品结构的10%。经营这类商品的目的只有一个，就是打价格战。对这类商品的定价，应尽量比市场上其他店的价格便宜，即使不赚钱也行，目的就是让顾客直观地看到，你店里的商品价格是很优惠的。

2. 利润商品

利润商品，顾名思义，就是能够实现较高利润率的商品。这类商品最好是你的门店独家经营（比如加盟连锁店独家生产的商品），或者是有特殊的进货渠道能降低进货成本（比如直接从厂家进货）。

一家门店如果能有60%以上的利润商品，就可以确保自己的利润水平。然后通过营销来促进利润商品的销售，以实现高额的利润。

3. 明星商品

明星商品，顾名思义，是指那些如同明星般闪耀，能够迅速传播并达到家喻户晓效果的商品。通常这类商品不仅拥有亲民的零售价格，还兼具超高的品质，从而极大地激发顾客的购买欲望。明星商品一旦被顾客购买并体验，由于其具有价格亲民、品质良好等特点，往往会成为复购的对象。此外，这类商品还常常成为顾客口碑传播的焦点，他们乐于将这份美好的体验分享给亲朋好友，从而促使这类商品像明星一样，在市场中迅速树立品牌形象，并有效绑定顾客。

4. 馈赠商品

馈赠商品，顾名思义，就是我们所说的"赠品"。但这类赠品最好是各类新品的试用装，或是印有门店商标的吉祥物等，将这类商品当作礼品送给顾客，会给顾客额外的惊喜，还会产生再次销售。

二、合理的商品结构的意义

合理的商品结构对于宠物店的经营和发展的意义如图6-11所示。

01 满足顾客需求
02 提高销售额和利润
03 增强市场竞争力
04 提升品牌形象
05 优化库存管理
06 促进销售和附加销售
07 适应市场变化

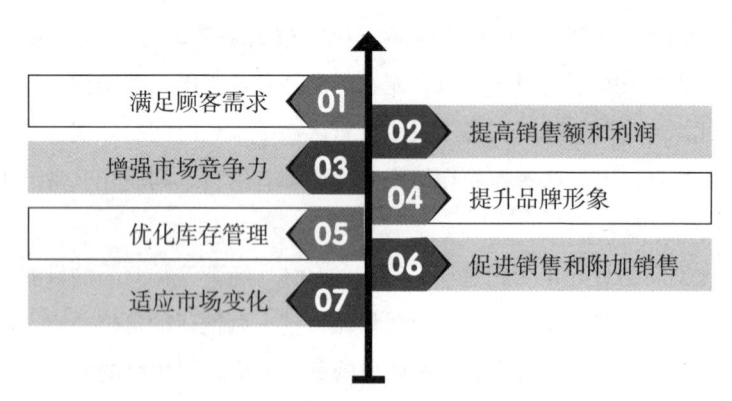

图6-11 合理的商品结构的意义

1. 满足顾客需求

合理的商品结构可以更好地满足顾客的需求和偏好。通过提供多样化、高质量的商品选择，宠物店可以吸引更多顾客并提高顾客满意度。

2. 提高销售额和利润

合理的商品结构可以帮助宠物店提高销售额和利润。通过深入了解市场需求和竞争状况，调整商品结构以提供畅销产品，宠物店可以增加销售量并提高利润率。

3. 增强市场竞争力

合理的商品结构可以帮助宠物店在竞争激烈的市场中脱颖而出。通过与竞争对手产生差异化，提供独特的产品选择，宠物店可以增强自己在市场中的竞争力。

4. 提升品牌形象

合理的商品结构有助于塑造宠物店的品牌形象。通过提供高品质、有特色和符合顾客需求的产品，宠物店可以树立良好的品牌形象并赢得顾客的信任和忠诚度。

5. 优化库存管理

合理的商品结构可以帮助宠物店优化库存管理。通过淘汰滞销产品、增加畅销产品和合理控制库存水平，宠物店可以减少库存积压和资金占用并提高资金周转率。

6. 促进销售和附加销售

合理的商品结构可以帮助宠物店促进销售和附加销售。通过将相关产品组合成套餐或提供定制化服务，宠物店可以引导顾客购买多个产品并增加销售额。

7. 适应市场变化

合理的商品结构可以帮助宠物店适应市场变化。通过定期评估市场趋势、顾客需求和竞争状况，灵活调整商品结构以适应市场变化，宠物店可以保持竞争力并持续发展。

三、调整商品结构的策略

调整商品结构可以帮助宠物店提高销售额和满足顾客需求。店主可参考如图6-12所示的策略来调整宠物店的商品结构。

```
┌─────────────────────────────────────┐
│   了解顾客需求      分析竞争对手     │
│   优化供应链管理    增加新品类       │
│   淘汰滞销产品      套餐销售         │
│   定期更新产品      提供定制化服务   │
│   提升品牌形象      定期评估和调整   │
└─────────────────────────────────────┘
```

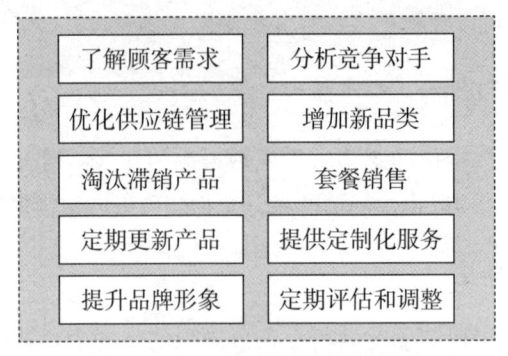

图 6-12　调整商品结构的策略

1. 了解顾客需求

通过市场调研、顾客反馈和销售数据分析等方式，了解顾客对宠物产品的需求和偏好。根据顾客需求来调整商品结构，增加畅销产品，减少滞销产品。

2. 分析竞争对手

了解竞争对手的商品结构和市场定位。根据竞争对手的优势和差异，调整自己店铺的商品结构，以提供独特的产品选择。

3. 优化供应链管理

与供应商建立良好的合作关系，并定期评估其货品质量、价格和交货时间等方面，确保能够及时获得高质量、有竞争力的产品。

4. 增加新品类

根据市场趋势和顾客需求，考虑引入新的宠物产品类别。例如，如果市场上对有机食品或天然食品有较高需求，可以考虑引入这类产品。

5. 淘汰滞销产品

定期评估销售情况并淘汰滞销和过时的产品。这样可以释放库存空间，减少资金占用，将资源集中在畅销产品上。

6. 套餐销售

将多个相关的产品组合成套餐销售，以提高顾客购买意愿和店铺销售额。例如，将宠物食品和宠物用品组合成套餐销售，可以吸引顾客购买多个产品。

7. 定期更新产品

定期更新产品并不断引入新的款式、颜色和功能。这样可以有效引发顾客的兴趣并增强他们的购买欲望。

8. 提供定制化服务

根据顾客需求提供定制化的宠物产品和服务。例如，提供定制宠物服装、个性化宠物食品等。这样可以满足顾客对个性化和独特性的需求。

9. 提升品牌形象

通过品牌建设和市场推广来提升宠物店的知名度和形象。建立独特的品牌形象可以吸引更多顾客并提高顾客对商品结构调整的接受度。

10. 定期评估和调整

定期评估商品结构调整的效果并根据市场需求、竞争状况、销售数据、顾客反馈以及市场趋势等信息，灵活进行商品结构再调整，以确保商品结构能够持续适应市场变化并满足顾客需求。

> **温馨提示**
>
> 店主应根据实际情况综合考虑以上因素，根据市场需求和经营状况灵活调整宠物店的商品结构。与顾客保持良好的沟通，了解他们的购买意愿和对产品选择的需求，以便更好地进行商品结构调整。

第四节 及时补货，确保商品充足

在宠物店经营的过程中，商品是在不断消耗的。为了能够让顾客及时买到自己想要的商品，宠物店必须在商品售罄之前做好货物的补充。因此，补货在宠物店的日常经营中是一项非常重要的工作。

一、抓住市场需求，迅速补充货源

店主要学会敏锐地抓住市场需求，迅速补充热销款式商品货源，直至该款式的商品销售势头减弱或完全售罄。因为热销款式商品一旦赢得市场的广泛认可，其销售额往往会屡创新高，从而为店铺带来丰厚的利润。

那么，如何抓住市场需求呢？具体方法如图6-13所示。

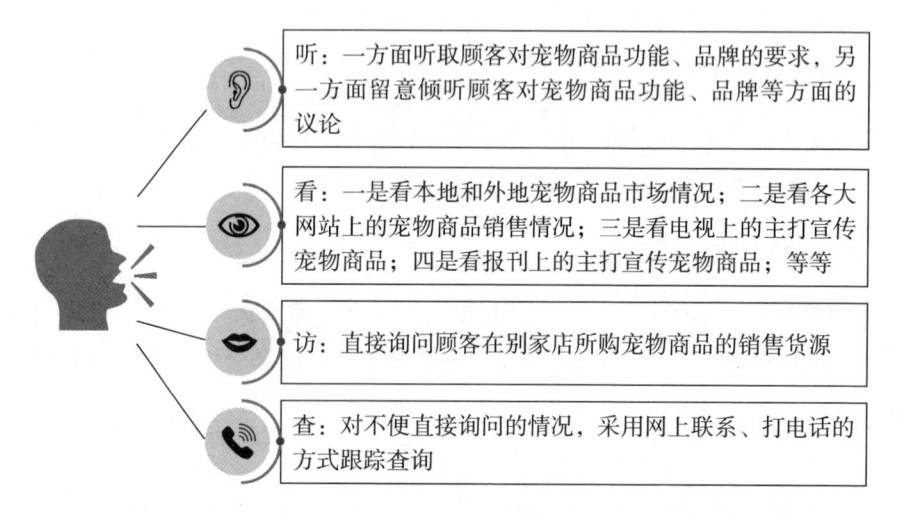

听：一方面听取顾客对宠物商品功能、品牌的要求，另一方面留意倾听顾客对宠物商品功能、品牌等方面的议论

看：一是看本地和外地宠物商品市场情况；二是看各大网站上的宠物商品销售情况；三是看电视上的主打宣传宠物商品；四是看报刊上的主打宣传宠物商品；等等

访：直接询问顾客在别家店所购宠物商品的销售货源

查：对不便直接询问的情况，采用网上联系、打电话的方式跟踪查询

图6-13 抓住市场需求的措施

通过上述方法，店主一旦掌握市场信息，就要抢时间进货，捷足先登。

二、坚持少量多次进货

进货要坚持少量多次，这样既避免销量不好压货，也有利于随时调整进货方向。

另外，如果你经常到供货商那里去补货，即使数量不多，供货商也会认为你的货物周转快，能够为他带来长期的效益。这样的话，就会与供货商形成良好的合作关系，一旦有新货上市，供货商也会尽快通知你，而且可能下次进货的时候会自动把价格调整下来。如果供货商认为你是他的重要客户，可能会向你透露近期哪类商品热销。

三、合理把控品种与数量

由于商品本身季节性强，销售淡旺季明显，且储存条件严格才能够保证品质，兼之商品种类繁多，因而我们在进货方面应该慎重对待。进多了没地方保存且占用空间；进少了顾客可能买不到自己想要的商品，把握好度很重要。这就要求店主在进货时要有十分清醒的头脑，千万不要图省事一次进许多货，一定要根据店铺经营规模的大小、上年度的销售量，具体了解市场动态，预测当年的销售情况，适量进货。

四、挑选合适的进货时间

店主应控制好店铺进货的时间，周末、节假日等生意忙的时候不应该出去进货或者补货上架。如果计划开展促销活动，应该在促销活动前进货。

五、使用专业的补货系统或软件

使用专业的补货系统或软件可以帮助宠物店更加科学地进行补货管理。这些系统或软件可以根据历史销售数据、库存水平和预测需求等因素生成补货建议，并提供自动化的补货流程。

第七章
环境管理

导　言

宠物店的环境卫生对于顾客的第一印象非常重要，这直接关系到顾客对宠物店整体形象的评价。此外，对于员工来说，宜人的工作环境也能提高工作满意度，进而能够更好地为顾客服务。因此，打造良好的宠物店环境是非常有必要的。

第一节 做到清新，加强气味管理

气味管理是宠物店日常经营中的重要一环。浑浊刺鼻的异味会将顾客拒之门外。然而，宠物店气味向来是难以管理的，特别是在夏季。宠物店去除异味要讲究方法，究其异味来源，才能从根源上解决异味问题。

一、异味的来源

宠物店异味的来源如图7-1所示。

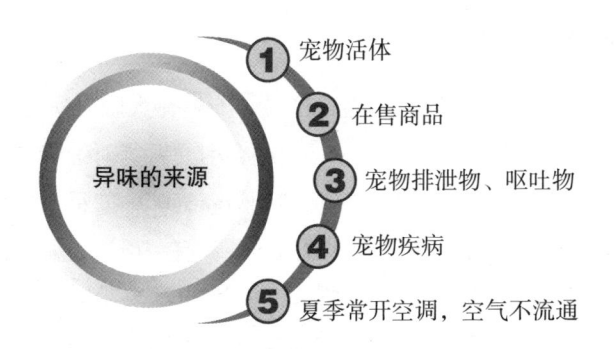

图 7-1 宠物店异味的来源

1. 宠物活体
2. 在售商品
3. 宠物排泄物、呕吐物
4. 宠物疾病
5. 夏季常开空调，空气不流通

1. 宠物活体

在宠物治疗、美容、寄养、活体销售的环节中，宠物自身散发的体味、伤口或消化道产生的气味，都是店内异味的重要来源。

2. 在售商品

店内在售的宠物粮食、零食等，如果包装不是非常严密，也会散发一定的气味。

3. 宠物排泄物、呕吐物

店内异味的最大来源便是未能及时清理的宠物排泄物、呕吐物，它们直接造成店内充满异味。

4. 宠物疾病

宠物或多或少都会携带病菌，当宠物生病时，这些病菌往往会通过呼吸道传播到室内环境中。当宠物携带大量病菌时，它们的皮肤、毛发、口腔等部位可能更容易受到感染，从而产生更多的分泌物和排泄物。这些分泌物和排泄物为微生物提供了丰富的营养，促进了微生物的繁殖和分解活动，进而加剧了异味的产生。当大量宠物聚集在宠物店时，病菌容易通过空气传播，导致交叉感染的风险增加。尤其在夏季，如果室内空气流通不畅，这种交叉感染的影响会更加严重。

5. 夏季常开空调，空气不流通

如果门店通风系统不够健全，加之夏季常开空调，密闭的空间就容易造成空气不流通，异味也就随之产生。

二、去除异味的方法

要知道，气味是给予顾客的第一感官接触，能够让大脑对实际景象产生联想。因此，异味可瞬间让顾客排斥进店消费，同时还会引发顾客对细菌和传染病的担忧。如果地板、墙壁、台面和笼子等没有保持清洁和清新气味，就很难建立起顾客对门店的信任。相反，良好的气味能促进门店收益的增长。有一项实验显示，当门店增添一种令人愉悦的香气时，流水增加了45%左右。当不良气味减少时，员工的压力也会明显减小。可见，清新的气味不仅会愉悦员工与顾客的心情，还会为门店带来丰厚的效益。

那么，该如何有效地去除宠物店的异味呢？具体方法如图7-2所示。

```
✓ 及时清理              ✓ 定期清洁和消毒
✓ 勤于洗护              ✓ 使用除臭剂
✓ 宠物寄养区清理        ✓ 定期更换宠物床垫
✓ 定期通风              ✓ 使用除湿设备
✓ 控制宠物数量          ✓ 定期检查管道和排水系统
✓ 使用空气清新剂        ✓ 培训员工
```

图 7-2　去除异味的方法

1. 及时清理

宠物店里最大的异味来源是来不及处理的宠物排泄物，但大多数门店在忙碌时根本无暇甚至无心顾及这项重要的工作。对此，店主一定要科学安排店员第一时间清理排泄物，再用消毒去味清洁剂进行二次清洁。这样不仅能迅速去除臭味，还能大大节省后续店面全面清理工作的时间。

2. 勤于洗护

对于长期养于店中的宠物以及即将出售的宠物，既要做到及时清理它们的排泄物，还要做到勤于洗护。这样不仅能从根源上减轻异味，还会增添顾客对它们的喜爱。可以说，没有人能拒绝一只干净清爽又可爱的宠物。

3. 宠物寄养区清理

宠物寄养区也是店内异味的源头之一。店主要在最短的时间建立起全面的宠物寄养区管理制度，每天早晚固定时间，所有员工分工合作，确保卫生做到位。

比如，针对寄养工作可以这么安排：一部分员工带着寄养区的狗狗外出散步排泄，另一部分员工留店迅速打扫外出狗狗的笼子，消毒清洁，换水放食，等狗狗散步回来即可进笼吃饭、休息。这样即使节假日寄养区宠物爆满，也能保持环境干净无异味。

4. 定期通风

定期开启门窗通风换气。新鲜空气的流通可以有效减少宠物店内的异味，保持舒适的环境。

> **温馨提示**
>
> 无论宠物店的空间是否密闭，在店面装修时都要着重注意通风设施的安装，以保持宠物店的正常空气流通。

5. 控制宠物数量

合理控制宠物店内的宠物数量，避免因宠物过多造成异味积聚。根据店内空间和资源情况，合理安排宠物数量并确保每只宠物都能够得到适当的照顾和清洁。

6. 使用空气清新剂

使用适合宠物店的空气清新剂，可以有效中和异味并散发出清新的香味。但要注意选择无毒、对宠物安全的产品。

7. 定期清洁和消毒

定期对宠物店进行彻底的清洁和消毒，包括地面、墙壁、固定设备和用具等。这样可以有效去除污渍和异味源。

8. 使用除臭剂

使用专门针对宠物异味的除臭剂，可以去除宠物身上散发出来的异味。但要注意选择无毒、对宠物安全的产品并按照说明正确使用。

9. 定期更换宠物床垫

宠物床垫容易吸附宠物身上的异味，定期更换可以减少异味的滋生。选择易于清洗和干燥的材质，以便更好地控制异味。

10. 使用除湿设备

潮湿环境容易滋生细菌和异味。使用除湿设备可以有效控制湿度并降低异味产生的可能性。

11. 定期检查管道和排水系统

确保管道和排水系统畅通无阻，避免污水倒流导致异味溢出。定期检查并清理管道，以保持良好的卫生环境。

12. 培训员工

对员工进行气味管理培训，确保员工了解如何及时正确处理宠物店内的异味。

第二节 确保整洁，做好卫生管理

对于宠物店来说，环境卫生是一个非常重要的风险因素。如果店内的环境卫生不合格，宠物就容易感染疾病，对宠物和顾客的健康都有潜在危险。因此，宠物店需要加强环境卫生管理，定期进行店面清洁和消毒，以提升服务质量。

一、建立卫生管理制度

建立卫生管理制度是宠物店确保环境卫生的重要步骤。通过建立卫生管理制度，宠物店可以确保店内清洁、卫生，从而为顾客提供愉悦的消费体验。

1. 制定卫生管理规定

明确宠物店对卫生管理的重视程度和目标，制定相关规定。例如，要求员工遵守卫生标准、定期清洁和消毒、妥善处理废弃物等规定。

2. 制定清洁计划

根据宠物店的规模和需求，制定清洁计划。明确每天、每周和每月需要进行的清洁任务，并分配责任人负责执行。

3. 确定清洁频率

根据不同区域和设备的使用频率，确定清洁的频率。例如，高频使用区域和设备需要更频繁地清洁。

4. 确定清洁方法和工具

确定适用于不同区域和设备的清洁方法和工具。例如，地面可以使用拖把或吸尘器去清洁，而固定设备可以使用专门的消毒剂来消毒。

5. 制定消毒程序

制定消毒程序，包括选择合适的消毒剂、正确使用消毒剂、确定消毒时间等步骤。确保员工了解消毒程序，并按照程序执行。

6. 制定废弃物处理程序

制定废弃物处理程序，包括分类、储存和处理废弃物的步骤。确保员工了解如何正确处理废弃物并提供相应的垃圾桶和容器。

7. 培训员工

对员工进行卫生管理制度培训，确保员工了解卫生管理规定、清洁计划、消毒程序等内容并正确执行。

8. 定期检查和评估

定期检查宠物店的卫生状况，评估卫生管理制度的执行情况。根据检查结果，及时纠正问题并改进制度。

9. 与专业机构合作

与专业清洁公司和卫生检查机构合作，定期进行深度清洁和卫生检查。它们具有专业知识和设备，可以提供更全面的卫生管理服务。

10. 持续改进

根据员工反馈、顾客意见和最新的行业标准，不断改进卫生管理制度。定期评估并更新规定、计划和程序等，以提高宠物店的卫生水平。

二、做好卫生检查

店主可以从以下两个方面来加强店铺的卫生管理。

1. 营业前的检查

店主应安排专人在每天营业前检查店铺内外环境。检查内容如图7-3所示。

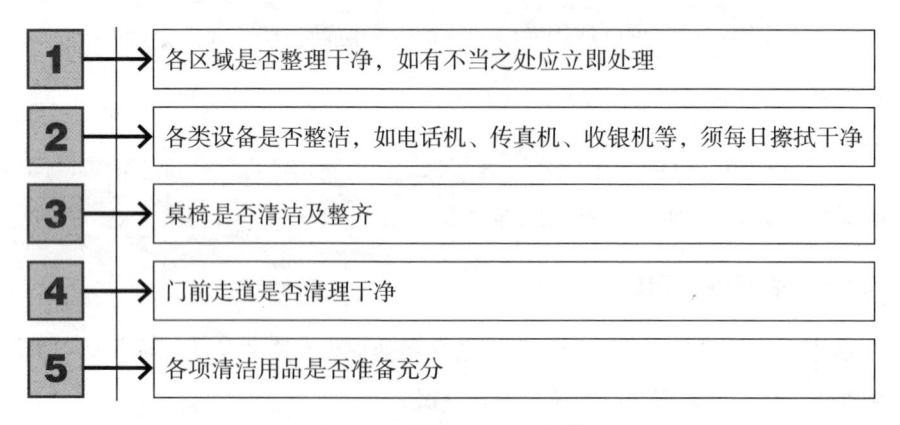

1	各区域是否整理干净，如有不当之处应立即处理
2	各类设备是否整洁，如电话机、传真机、收银机等，须每日擦拭干净
3	桌椅是否清洁及整齐
4	门前走道是否清理干净
5	各项清洁用品是否准备充分

图 7-3　营业前的检查内容

2. 营业中的维护

在店铺营业中，店主应要求员工维护好店内的环境卫生。维护要求如图7-4所示。

要求一	注意服务管理及店铺禁忌
要求二	注意机器设备的控制
要求三	注意各类清洁用品是否足够，应事先备妥
要求四	随时将顾客放乱的商品放回货架并排列整齐
要求五	经常打扫和消毒洗浴间、美容桌、美容器具等
要求六	保持地板清洁
要求七	擦拭玻璃时，使用玻璃清洁剂或刷子，并在弄脏时擦净
要求八	下雨天注意门口位置，弄脏了要及时清理，拖地时不能太湿，以免顾客滑倒
要求九	门口须放置踏垫，门口、走道应经常打扫，走道上有废弃的包装物或垃圾时要及时清理
要求十	及时清理垃圾并打包放置在指定地点
要求十一	扫帚及拖把应放置在指定的地方等

图 7-4 营业中的维护要求

温馨提示

环境是顾客选择宠物店消费的重要标准之一，脏乱差的宠物店是不会受到顾客喜欢的，所以宠物店的卫生需要保持好。

第三节
保持安静，减少噪声干扰

对于宠物主人来说，宠物店不仅仅是购买宠物用品和获得专业服务的地方，更是一个能够给宠物带来安静舒适的休憩体验的地方。如今，越来越多的宠物店注重打造安静舒适的休憩空间，为宠物提供宾至如归的体验。

一、声音隔离

声音隔离是为了减少宠物活动的噪声和其他噪声对店内其他区域的干扰。通过采取适当的声音隔离措施，可以减少宠物店内部和外部的噪声传播，为宠物提供一个安静舒适的环境。

图7-5所示的是一些常见的宠物店声音隔离措施。

隔音墙壁	使用隔音材料和设计，在宠物活动区域和其他区域之间建造隔音墙壁。这些墙壁可以减少声音传播，降低噪声水平
隔音门	安装隔音门，特别是在宠物活动区域和其他区域之间的出入口处。这可以阻止声音通过门缝传播
隔声窗帘	在窗户上安装隔声窗帘，以减少外部噪声进入宠物店
吸声板	在宠物店内部的墙壁、天花板和地板上安装吸声板，以减少和吸收噪声反射和回声
隔离宠物设施	将不同类型或大小的宠物设施分开，以减少它们之间的相互干扰和噪声传播
声屏障	在需要分隔的区域周围设置声屏障，如屏风、书架等，以阻挡声音的传播
声音缓冲材料	在宠物设施和其他硬表面之间使用声音缓冲材料，如橡胶垫、地毯等，以减少噪声传播

设备维护	定期检查和维护宠物店内的设备，如空调、通风系统、水泵等，以减少它们产生的噪声
声音控制规定	制定并执行声音控制规定，限制高分贝活动和使用嘈杂设备的时间和频率
顾客教育	向顾客提供关于宠物店声音隔离措施的信息并鼓励他们在店内保持安静，以减少噪声干扰

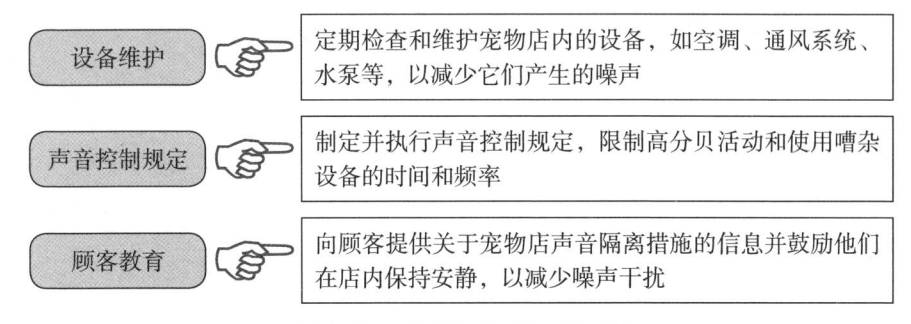

图 7-5　宠物店声音隔离措施

二、噪声监测

宠物店的噪声监测是为了评估宠物店内的噪声水平并及时采取措施解决噪声排放超过标准的问题。通过定期进行噪声监测，可以及时发现并解决宠物店内的噪声问题，为宠物们提供一个安静舒适的环境。图7-6所示的是一些常见的宠物店噪声监测措施。

01 使用噪声测量仪器
02 制定噪声监测计划
03 设定噪声限制标准
04 数据记录和分析
05 设置异常警报系统
06 声源识别
07 噪声控制
08 定期评估和改进
09 员工培训
10 顾客反馈和改进

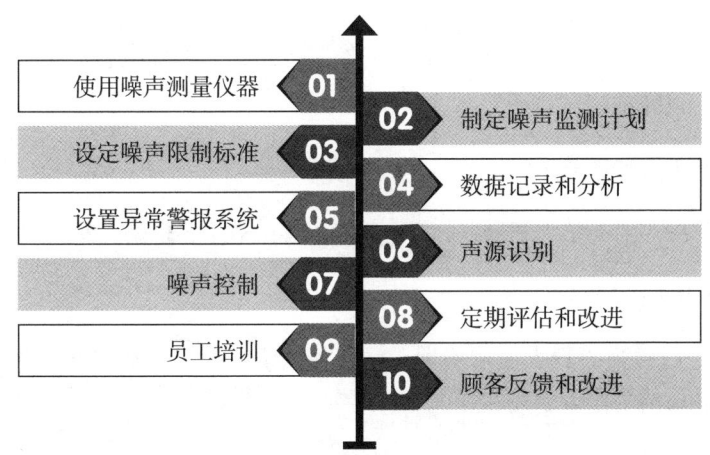

图 7-6　宠物店噪声监测措施

1. 使用噪声测量仪器

使用专业的噪声测量仪器如声级计，来测量宠物店内各个区域的噪声水平。

2. 制定噪声监测计划

制定噪声监测计划，以确保对宠物店内不同时间段和活动的噪声进行全面监测。

3. 设定噪声限制标准

根据当地法规和行业标准，设定适当的噪声限制标准，以评估宠物店内的噪声水平是否超过标准。

4. 数据记录和分析

记录和分析噪声监测数据，以了解不同时间段、区域和活动对宠物店内噪声水平的影响并找出潜在问题。

5. 设置异常警报系统

设置异常警报系统，当检测到超过噪声限制标准的情况时，及时通知相关人员并采取相应措施。

6. 声源识别

通过噪声监测，识别出主要的声源和产生较高噪声水平的活动和设备。

7. 噪声控制

根据噪声监测结果，采取相应的噪声控制措施，如增加隔音设施、调整设备、改变布局等，以降低噪声水平。

8. 定期评估和改进

定期评估噪声监测结果和采取的噪声控制措施的效果，根据需要进行改进和优化。

9. 员工培训

对员工进行噪声管理方面的培训，确保他们了解如何识别和处理与噪声相关的问题并提供相应的解决方案。

10. 顾客反馈和改进

鼓励顾客提供关于宠物店噪声问题的反馈意见，根据反馈意见进行改进。这包括调整设备、改变布局和增加隔音设施等措施。

三、区域分隔

通过合理划分宠物店的不同区域，根据不同宠物的需求进行分隔，可以提供一个安全、舒适和适合各类宠物的环境。以下是一些常见的区域分隔。

1. 狗狗区域

为狗狗提供一个专门的区域,包括床铺、玩具和活动空间。可以根据狗狗的大小和品种,将区域进一步细分为小型犬区域、中型犬区域和大型犬区域等。

2. 猫咪区域

为猫咪提供一个安静、温暖和舒适的区域,包括猫咪树、窝和玩具等。可以设置不同高度和层次,以满足猫咪跳跃、攀爬和休息的需求。

3. 其他动物区域

为其他动物如兔子、仓鼠、鸟类等提供一个安全和适宜的环境。可以设置大小合适的笼子或栖息地,并提供食物、水源和玩具等。

4. 洗澡和美容区域

设立一个专门用于洗澡与提供美容服务的区域。该区域应配备齐全的设施,包括但不限于洗澡台、吹风机以及各类美容工具。同时,需确保所有设施安全可靠并营造一个舒适宜人的环境,以满足顾客的需求。

5. 训练和活动区域

为宠物提供训练和活动的区域,包括训练设备、障碍物和活动场地等。可以定期组织训练课程和社交活动,促进宠物的健康和提高其社交能力。

6. 顾客休息区

为顾客提供一个舒适的休息区域,让他们可以观察宠物、与宠物互动和等待服务。可以提供座椅、咖啡和茶水等,为顾客创造愉快的消费体验。

7. 声音隔离区域

将宠物活动区域与其他区域分隔开来,以减少噪声对顾客休息区或办公区的干扰。使用隔音材料和设计来减少噪声传播。

四、设备维护

定期检查和维护宠物店内的设备,如空调、通风系统、水泵等,以减少它们产生的噪声。图7-7所示的是一些常见的宠物店设备维护措施。

```
定期检查    清洁和消毒    润滑和调整    更换磨损部件
建立保养记录    员工培训    外部维修服务    定期更新设备
           检查设备安全    顾客反馈和改进
```

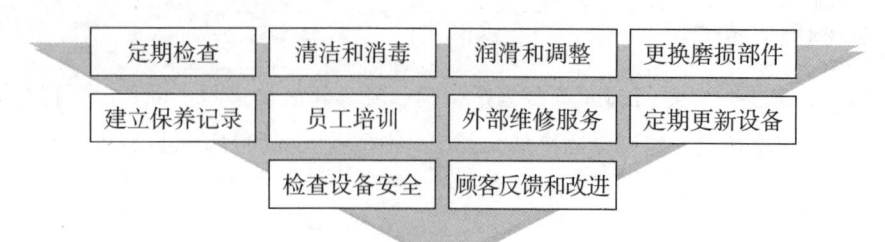

图 7-7　宠物店设备维护措施

1. 定期检查

定期检查宠物店内的设备，包括空调、通风系统、水泵、照明设备等，确保它们正常运行。

2. 清洁和消毒

定期清洁和消毒设备，以防止积尘、细菌滋生和异味产生。使用适当的清洁剂和消毒剂，并按照说明书的要求进行操作。

3. 润滑和调整

对需要润滑的设备部件如轴承、链条等进行润滑。同时，对需要调整的部件进行适当的调整，以确保其正常运行。

4. 更换磨损部件

定期检查设备的磨损部件如皮带、滤网等，并及时更换。这有助于避免磨损导致的故障和安全隐患。

5. 建立保养记录

建立设备保养记录，记录每次维护的日期、内容和维护人员。这有助于跟踪设备维护情况，及时发现和解决潜在问题。

6. 员工培训

对员工进行设备维护方面的培训，确保他们了解如何正确操作和维护设备。

7. 外部维修服务

与可靠的外部维修服务提供商建立合作关系，确保及时联系，以便在需要时进行设备维修和维护。

8. 定期更新设备

根据需要，定期更新老化和不再适用的设备。这有助于提高工作效率、降低故障率并满足宠物店不断变化的需求。

9. 检查设备安全

定期进行设备安全检查，确保设备符合安全标准并采取必要的安全措施，如防护罩、紧急停机按钮等。

10. 顾客反馈和改进

鼓励顾客提出关于宠物店设备问题的反馈意见，根据反馈意见进行改进。这包括调整设备、更换供应商和增加备用设备等措施。

> **温馨提示**
>
> 宠物店的噪声管理是确保宠物、员工和顾客在店内感到舒适的重要方面。通过有效管理宠物店的噪声，可以提供一个安静舒适的环境，使宠物、员工和顾客都能够得到更好的体验。这有助于提高顾客满意度，提升宠物店的声誉和业务量。

第四节 提高警惕，排除安全隐患

通过有效管理宠物店的安全，可以确保宠物、员工和顾客在店内的安全，提供一个安全、可靠的环境。这有助于宠物店建立良好的声誉，提高员工和顾客的满意度。

一、配备安全设施

配备安全设施是确保宠物、员工和顾客在店内安全的重要措施。以下是一些常见的宠物店安全设施。

1. 防滑地板

在宠物店内使用防滑地板，以减少员工和顾客滑倒的风险。

2. 紧急出口标志

在宠物店内明确紧急出口标志，以便员工和顾客在紧急情况下快速撤离。

3. 灭火器

在宠物店内放置适当类型和数量的灭火器，以应对火灾等紧急情况。

4. 紧急照明设备

确保宠物店内有足够的紧急照明设备，以便在停电和其他紧急情况下提供足够的光照。

5. 摄像监控系统

安装摄像监控系统以监视宠物店内的活动，防止盗窃、纠纷和其他安全问题。

6. 安全门禁系统

使用安全门禁系统来控制进出特定区域的人员，确保只有授权人员可以进入特定区域。

7. 安全围栏

使用安全围栏来限制宠物的活动范围，防止宠物逃脱或发生冲突。

8. 安全储存柜

为化学用品等提供安全储存柜，以防止顾客或宠物易接触。

9. 急救设备

在宠物店内配备急救设备，如急救箱等，以应对紧急情况和处理小型伤口。

10. 安全警示标志

在宠物店内设置明显的安全警示标志，如禁止吸烟、小心滑倒等，提醒员工和顾客注意安全事项。

11. 紧急联系人信息

在宠物店内提供紧急联系人的信息，如当地动物医院、消防局等的联络方式，以便在紧急情况下能够及时联系到相关人员。

12. 安全培训和演练

定期为员工提供安全培训并进行紧急情况下的演练，确保他们知道如何应对各种紧急情况。

二、做好安全培训

宠物店的安全培训对于确保宠物、员工和顾客在店内安全非常重要。以下是一些常见的宠物店安全培训内容。

1. 安全规定和程序

对员工进行宠物店的安全规定和程序方面的培训，包括如何正确使用设备、处理危险品、遵守紧急情况下的应对程序等。

2. 安全设施设备使用

培训员工如何正确使用宠物店内的安全设施设备，如灭火器、紧急出口标志等。

3. 安全意识

提高员工对潜在危险的认识，教导他们如何预防事故和避免不安全行为。这包括注意观察环境、避免堆放杂物、保持通道畅通等内容。

4. 宠物护理技巧

培训员工正确地护理各种类型的宠物，包括但不限于正确地携带、抱持、喂食以及清洁宠物等。这样的培训有助于减少意外伤害和冲突的发生。

5. 紧急情况应对

教导员工如何应对紧急情况，如火灾、地震、宠物逃脱等。确保他们知道紧急出口的位置、使用灭火器的方法、紧急救援呼叫方式等安全知识。

6. 急救知识

为员工提供基本的急救知识培训,包括如何处理小型伤口、止血、心肺复苏等。这有助于员工在紧急情况下提供基本的急救援助。

7. 顾客服务和沟通技巧

培训员工如何与顾客进行有效的沟通,以确保宠物店内的交流顺畅,减少误解和冲突的发生。

8. 安全记录和报告

教导员工如何正确记录和报告安全事故和潜在危险。这有助于及时发现问题并采取相应的改进措施。

9. 持续学习和更新

鼓励员工持续学习和更新安全知识,参加相关培训课程或研讨会,以保持对最新安全标准和最佳安全实践的了解。

> **温馨提示**
>
> 通过对员工进行全面的安全培训,可以增强他们保障宠物店安全的意识,确保他们能够正确应对各种紧急情况。这有助于减少事故和伤害的发生,保护宠物、员工和顾客的安全。

三、定期开展安全巡查

宠物店的安全巡查是确保宠物、员工和顾客在店内安全的重要措施。定期进行安全巡查可以帮助宠物店发现安全隐患并及时采取措施修复和改进,为宠物、员工和顾客提供一个安全、可靠的环境。以下是一些常见的宠物店安全巡查内容。

1. 检查安全设施设备

定期检查宠物店内的安全设施设备,包括防滑地板、紧急出口标志、灭火器等,确保其无安全隐患、正常运作。

2. 检查通道和走廊

确保通道和走廊畅通无阻，没有堆放杂物或其他障碍物，以减少跌倒和碰撞的风险。

3. 检查围栏和笼子

检查围栏和笼子是否牢固，确保没有破损或松动的地方，以防止宠物逃脱或发生冲突。

4. 检查危险品存储

检查危险品如清洁剂、药品等的存储，确保它们正确存放，并且确保存放的容器完好无损。

5. 检查紧急出口

检查紧急出口是否清晰可见，确保它们没有被堵塞或阻挡，以便员工和顾客在紧急情况下能够快速撤离。

6. 检查安全标志

检查安全标志是否清晰可见，如警示标志、禁止吸烟标志、紧急出口指示等，确保员工和顾客能够清楚地了解它们。

7. 检查宠物监控系统

检查宠物监控系统的运行情况，确保摄像头正常工作，能够监视宠物的活动。

8. 检查紧急联系人信息

检查紧急联系人的信息是否准确和是否容易访问。这包括当地动物医院、消防局等的联络方式。

9. 检查安全记录和报告

检查安全记录和报告是否正确，了解之前发生的事故和潜在危险，采取相应的改进措施。

10. 实施改进措施

根据巡查结果，及时跟进并实施必要的改进措施，解决发现的问题。

案例

××宠物店安全守护行动

××宠物店深知宠物和顾客的安全至关重要，因此将安全检查作为日常运营中的重要一环。为了确保店内环境安全、宠物健康以及顾客体验舒适，该宠物店制定了一套严格的安全检查制度并严格执行。

1. 设施与环境检查

（1）每天开业前，员工会对店内的货架、宠物笼、门窗、水电设备等设施进行全面检查，确保它们完好无损，无安全隐患。

（2）检查店内卫生状况，确保地面干净、无积水、无杂物，避免宠物和顾客滑倒或受伤。

（3）定期检查店内通风和照明设备，确保空气流通、光线充足，为宠物和顾客提供舒适的环境。

2. 宠物健康检查

（1）宠物店内的宠物每天都会接受健康检查，包括体温、食欲、精神状态等，确保它们健康无恙。

（2）对于新进店的宠物，进行严格的健康评估，确保它们没有携带疾病。

（3）定期为宠物接种疫苗、驱虫等，保障宠物的健康。

3. 产品安全检查

（1）对店内销售的宠物食品、宠物玩具、宠物护理用品等定期进行质量检查，确保它们符合相关标准，不会对宠物造成危害。

（2）对于进口产品，检查其进口证明、质量认证等文件，确保产品的合法性和安全性。

4. 安全检查执行

（1）责任明确：每个员工都明确自己的安全检查职责，确保各项检查任务得到落实。

（2）定期检查与记录：定期进行安全检查并记录检查结果，对于发现的问题及时整改并跟进。

（3）顾客参与：鼓励顾客参与安全检查，提供意见和建议，共同维护店内的安全环境。

5. 安全检查效果

通过严格执行安全检查制度，××宠物店成功避免了多起安全事故，确保了宠物和顾客的安全。同时，该店还获得了顾客的高度认可和好评，树立了良好的品牌形象。

第八章 员工管理

导　言

　　宠物店员工是保障宠物店正常运营的关键之一，他们的工作质量和满意度直接影响到宠物店的运营和发展。通过有效的员工管理，可以建立一个专业、高效和团结的团队，为顾客提供优质的宠物服务。

第一节
明确需求，招聘合适员工

店铺的竞争，很大程度上就是人才的竞争。现在宠物店对人才的要求越来越高，出现了很多宠物专业技术型人才，为宠物店的发展做出了很大的贡献。鉴于此，对于新开的宠物店来说，员工的招聘显得尤为重要。

一、确定招聘需求

确定招聘需求是招聘过程中的重要一步。在确定招聘需求时，宠物店应该综合考虑业务需求、团队构成、技能要求等因素，与相关部门和团队成员进行讨论和确认。这样可以确保招聘到适合宠物店需求的人才，为宠物店的发展提供支持。

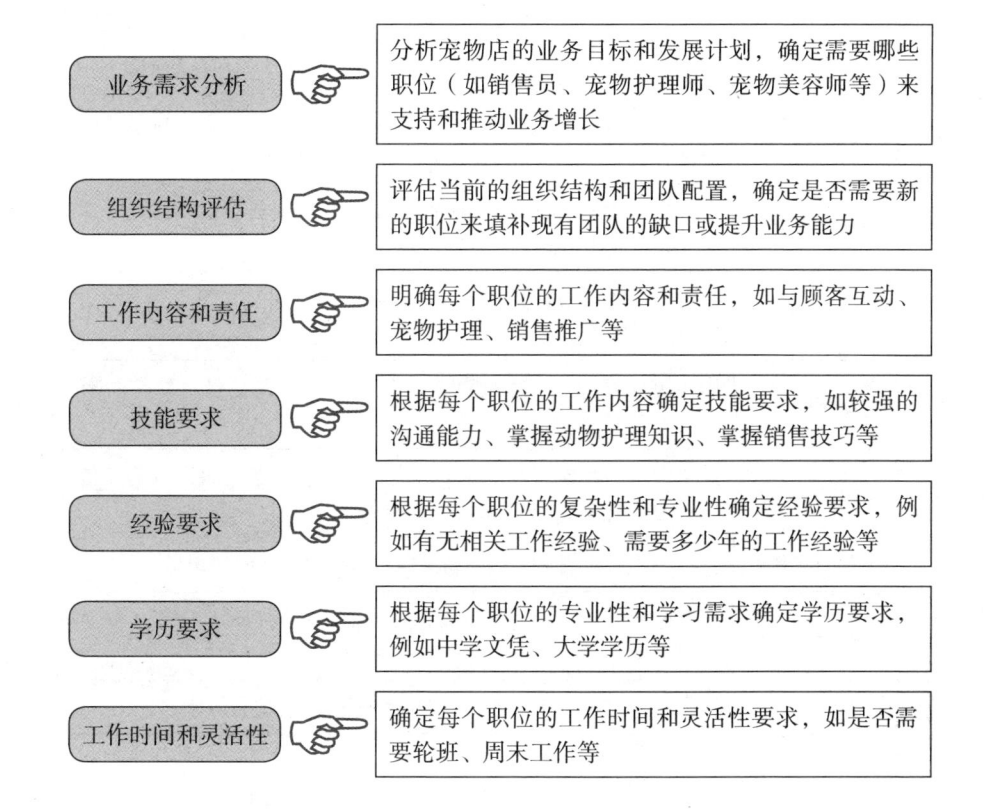

确定招聘需求需考虑的因素如图8-1所示。

业务需求分析	分析宠物店的业务目标和发展计划，确定需要哪些职位（如销售员、宠物护理师、宠物美容师等）来支持和推动业务增长
组织结构评估	评估当前的组织结构和团队配置，确定是否需要新的职位来填补现有团队的缺口或提升业务能力
工作内容和责任	明确每个职位的工作内容和责任，如与顾客互动、宠物护理、销售推广等
技能要求	根据每个职位的工作内容确定技能要求，如较强的沟通能力、掌握动物护理知识、掌握销售技巧等
经验要求	根据每个职位的复杂性和专业性确定经验要求，例如有无相关工作经验、需要多少年的工作经验等
学历要求	根据每个职位的专业性和学习需求确定学历要求，例如中学文凭、大学学历等
工作时间和灵活性	确定每个职位的工作时间和灵活性要求，如是否需要轮班、周末工作等

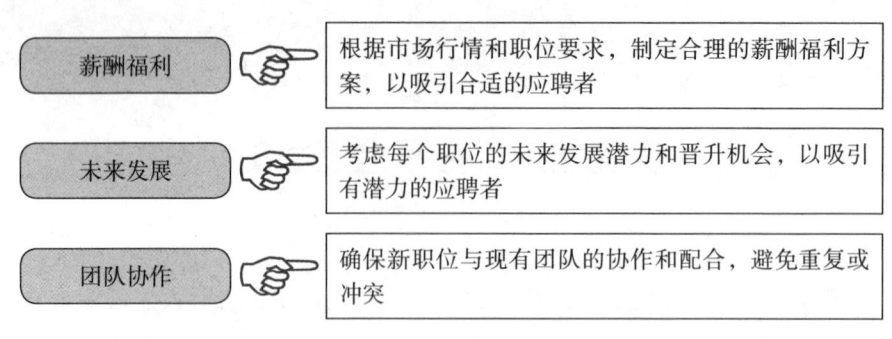

```
薪酬福利  ☞  根据市场行情和职位要求,制定合理的薪酬福利方
              案,以吸引合适的应聘者

未来发展  ☞  考虑每个职位的未来发展潜力和晋升机会,以吸引
              有潜力的应聘者

团队协作  ☞  确保新职位与现有团队的协作和配合,避免重复或
              冲突
```

图 8-1　确定招聘需求需考虑的因素

二、编写职位描述

店主在明确招聘需求后,应根据每个岗位的职责和要求,编写清晰明确的职位描述,具体内容如表8-1所示。

表 8-1　职位描述的内容

序号	描述内容	具体说明
1	职位标题	选择一个简明扼要的职位标题,准确反映该职位的主要职责和级别
2	概述	提供一个简短的概述,介绍该职位在宠物店中的角色和重要性
3	职责和任务	列出职位的主要职责和任务,按照重要性和优先级进行排序。确保描述清晰、具体
4	技能要求	明确列出所需的技能、知识和经验,包括必备技能和优先考虑的附加技能,如沟通能力、宠物护理知识、销售技巧等
5	学历和经验	指明所需的学历背景和相关工作经验,如中学文凭、大学学历和相关行业经验等
6	工作条件	描述工作环境、工作时间、工作地点等相关信息,如是否需要轮班、周末工作等
7	团队合作	说明职位与其他团队成员或部门需要合作的情况,以及与其他岗位之间的协调关系
8	薪酬福利	提及职位的薪酬水平和福利待遇,以吸引合适的应聘者
9	公司介绍	简要介绍宠物店的背景、使命和价值观,以帮助应聘者了解企业文化和愿景
10	应聘方式	提供应聘方式,如发送简历至指定邮箱、在线申请等

在编写职位描述时，要确保描述准确、清晰，尽量避免使用行业术语和缩写词。同时，根据实际情况和招聘需求进行适当的调整和修改。这样可以吸引到符合要求的应聘者，为他们提供一个清晰了解职位的机会。

三、发布招聘广告

宠物店要想招聘到合适的人才，就要对外发布招聘广告。发布招聘广告是吸引应聘者的重要方式，要点如图8-2所示。

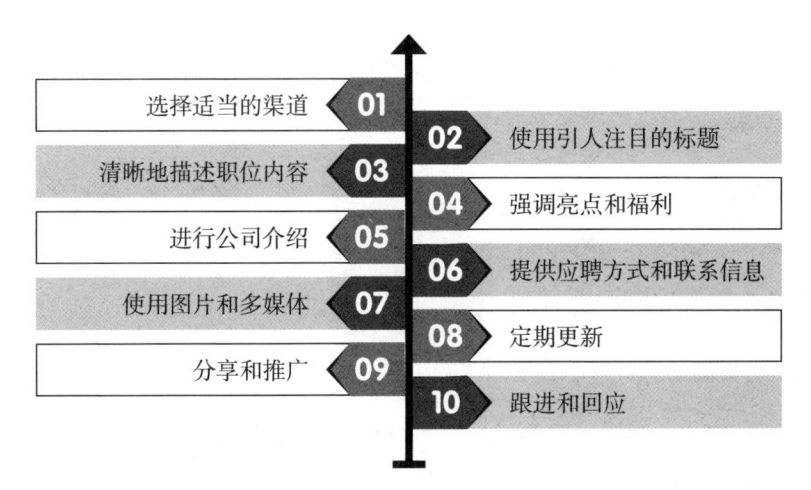

```
01 选择适当的渠道
02 使用引人注目的标题
03 清晰地描述职位内容
04 强调亮点和福利
05 进行公司介绍
06 提供应聘方式和联系信息
07 使用图片和多媒体
08 定期更新
09 分享和推广
10 跟进和回应
```

图8-2 发布招聘广告的要点

1. 选择适当的渠道

根据目标受众和招聘需求，选择合适的渠道来发布招聘广告。常见的招聘渠道包括在线招聘平台、社交媒体、宠物行业协会网站、校园招聘等。

2. 使用引人注目的标题

使用引人注目的标题来吸引应聘者的注意力。确保标题简明扼要，能够准确传达职位的主要信息。

3. 清晰地描述职位内容

在广告中清晰地描述职位的工作内容、责任和要求。应使用简洁明了的语言，尽量避免使用行业术语和复杂的句子结构。

4. 强调亮点和福利

突出职位的亮点和宠物店提供的福利，如薪酬待遇、培训机会、晋升空间等。这可以吸引更多有潜力和有兴趣的应聘者。

5. 进行公司介绍

在广告中简要介绍宠物店的背景、使命和价值观。这可以帮助应聘者了解企业文化和愿景，从而更有兴趣加入。

6. 提供应聘方式和联系信息

提供清晰的应聘方式和联系信息，例如发送简历至指定邮箱、在线申请和提供应聘联系电话。确保应聘者能够方便与宠物店取得联系。

7. 使用图片和多媒体

在广告中使用相关的图片和多媒体内容，如宠物店的照片、员工工作场景等，以增加吸引力和可视性。

8. 定期更新

定期更新招聘广告，以确保信息的准确性和时效性。对于已过期的广告，根据需要进行调整和修改。

9. 分享和推广

鼓励员工、合作伙伴和其他相关人士分享招聘广告，以扩大招聘范围并吸引更多应聘者。

10. 跟进和回应

及时跟进发出求职信息的应聘者，回应他们的求职申请。与应聘者保持良好的沟通，及时安排面试等后续事项。

> **温馨提示**
>
> 在发布招聘广告时，要确保广告内容准确、吸引人，能够清晰地传达职位的信息。同时，根据实际情况和招聘需求进行适当的调整和修改。

四、筛选简历

店长应对收到的简历进行筛选。根据应聘者的经验、技能和资格进行初步评估，选择符合要求的应聘者。

在筛选应聘者的简历时，可以遵循如图8-3所示的要点。

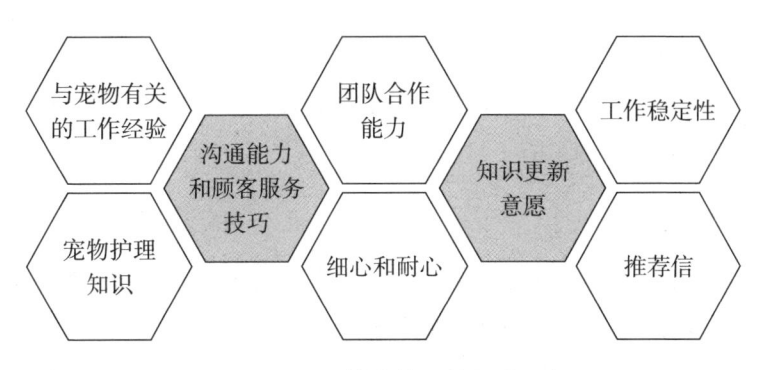

图8-3 筛选简历的要点

1. 与宠物有关的工作经验

关注应聘者是否有与宠物相关的工作经验，例如在宠物店、兽医诊所、动物收容所的工作经历。这些经验可以表明应聘者对宠物行业的了解。

2. 宠物护理知识

评估应聘者对宠物护理知识的掌握程度。关注他们是否了解常见宠物品种、饲养要求、健康问题和基本护理技巧。

3. 沟通能力和顾客服务技巧

考察应聘者的沟通能力和顾客服务技巧。在宠物店中，与顾客和同事进行良好的沟通至关重要。

4. 团队合作能力

评估应聘者在团队中的合作能力。宠物店的经营通常需要团队合作，需要员工们协调合作。

5. 细心和耐心

注意应聘者是否具备细心和耐心的特质。这对于护理宠物、清洁工作区域以及与顾客进行细致交流都是重要的。

6. 知识更新意愿

了解应聘者是否有持续学习和更新宠物护理知识的意愿。随着宠物行业不断发展，从业者应有紧跟行业最新趋势和技术的意愿。

7. 工作稳定性

评估应聘者在过去的工作中的稳定性和持久性。过去的工作经历可以显示出应聘者对工作的承诺和适应能力。

8. 推荐信

如果应聘者提供了推荐信，要仔细阅读并认真考虑其中提到的信息。从推荐信中可以看到其他人对应聘者能力和表现的评价。

> **温馨提示**
>
> 在筛选简历的过程中要注意多样化和包容性。确保应聘者群体的多样性，避免歧视和偏见。

五、面试评估

面试应聘者，评估其与岗位要求的匹配度。可以采用个人面试、群体面试和电话面试等形式，提前准备好相关问题。

在面试评估宠物店应聘者时，可以遵循如图8-4所示的要点。

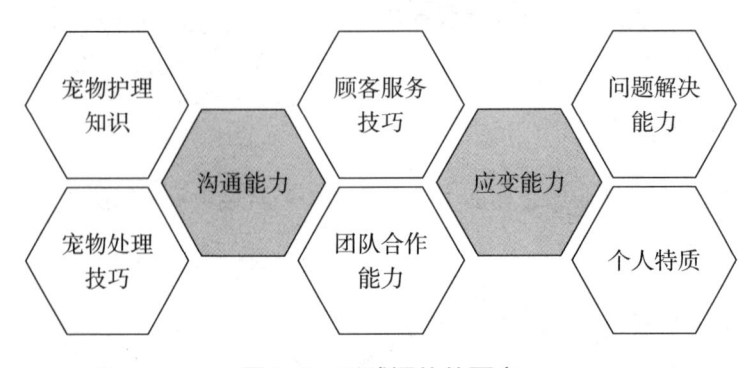

图8-4 面试评估的要点

1. 宠物护理知识

询问应聘者关于宠物护理的基本知识，例如不同品种宠物的饲养要求、常见健康问题和基本护理技巧。评估他们对宠物健康和动物福利的关注程度。

2. 宠物处理技巧

观察应聘者在与宠物互动时的处理方式和技巧。评估他们是否能够与宠物建立良好的关系，以及是否能够应对不同宠物的行为和需求。

3. 沟通能力

评估应聘者的沟通能力，包括与顾客、同事和上级进行有效沟通的能力。宠物店需要员工清晰地传达信息并有效地解决问题。

4. 顾客服务技巧

考察应聘者在与顾客互动时的服务态度和技巧。评估他们对顾客是否友善、有耐心并愿意提供帮助和建议。

5. 团队合作能力

观察应聘者在团队中的合作能力。评估他们是否愿意与他人协作，以及是否能够有效地分配任务和协调工作流程。

6. 应变能力

了解应聘者在应对紧急突发情况时的反应能力。宠物店可能会面临一些紧急突发情况，员工需要展现出应变能力和冷静处理问题的能力。

7. 问题解决能力

提出一些与宠物店工作相关的场景问题，考察应聘者解决问题的能力和思维方式。评估他们是否能够分析问题、提出解决方案并采取行动。

8. 个人特质

了解应聘者的个人特质，例如细心、有耐心、有责任感以及有自我管理能力等。这些特质对于胜任宠物店的工作至关重要。

六、背景调查

对通过面试的应聘者进行背景调查，了解其过往的工作经历、教育背景和个人信用等情况，确保应聘者的可靠性和诚信度。

在开展宠物店应聘者的背景调查时，可以遵循如图8-5所示的要点。

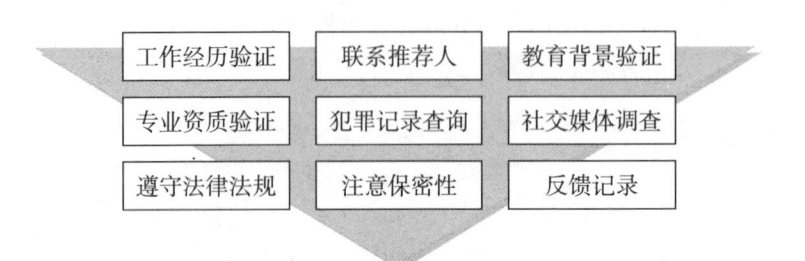

图 8-5　背景调查的要点

1. 工作经历验证

联系应聘者所列出的前雇主，核实应聘者在宠物店或相关行业的工作经历。了解他们对应聘者的工作表现、职责履行情况等方面的评价以及离职原因。

2. 联系推荐人

与应聘者提供的推荐人进行联系，了解他们对应聘者能力、品德和可靠性等方面的评价。询问他们与应聘者的关系以及对其适应性和工作表现的看法。

3. 教育背景验证

核实应聘者所提供的教育背景，包括学校、专业和学位等信息。可以通过联系学校或教育机构的方式来确认应聘者所提供信息的真实性。

4. 专业资质验证

如果应聘者声称拥有特定的专业资质或认证，可以与相关机构进行联系来验证其资格和有效性。

5. 犯罪记录查询

进行必要的犯罪记录查询，以确保应聘者没有犯罪记录和不良行为。这可以通过与当地执法机构合作或使用第三方背景调查公司的方式来完成。

6. 社交媒体调查

在合法合规的前提下，可以进行一定程度的社交媒体调查，了解应聘者在社交媒体上的言论、行为和形象。这可以提供一些关于应聘者个性和价值观的参考。

7. 遵守法律法规

在进行背景调查时，要确保遵守法律法规，包括隐私保护和就业歧视等方面的规定。确保背景调查的过程合法、公正和透明。

8. 保密性

在进行背景调查时，要注意保护应聘者的个人信息和隐私。确保背景调查过程中的信息安全性。

9. 反馈记录

记录背景调查过程中获得的信息和结果，及时向应聘者反馈，保持良好的沟通和一定的透明度。

> **温馨提示**
>
> 综合考虑背景调查结果与其他评估方法（如面试、简历等）得出综合评估结论。根据应聘者在各个方面的表现来决定是否录用。

七、商谈报酬和福利

面试结束后，店长需要与应聘者商讨薪资、工作时间、福利待遇等事项并达成一致。在商谈宠物店员工的报酬和福利时，可以遵循如图8-6所示的要点。

薪资水平	绩效奖金	工作时间和休假安排
健康保险	养老金计划	培训和发展机会
职业发展路径	其他员工福利	合同和条款

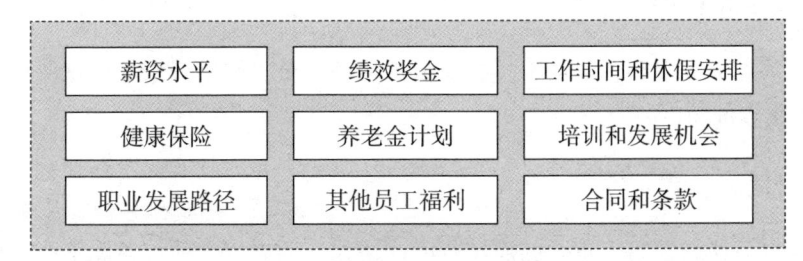

图8-6　商谈报酬和福利时的要点

1. 薪资水平

确定基本薪资水平，可以参考行业标准和当地市场情况。根据应聘者的经验、技能和职位等级来确定合理的薪资范围。

2. 绩效奖金

设立绩效奖金制度，以激励员工在工作中表现出色。确定绩效评估标准和奖金发放方式。

3. 工作时间和休假安排

明确工作时间和休假安排，确保员工有足够的休息时间并根据需要进行弹性安排。

4. 健康保险

提供健康保险计划，帮助员工支付医疗费用。商讨保险计划的覆盖范围、费用分担和报销政策等细节。

5. 养老金计划

提供养老金计划，帮助员工在退休后获得经济保障。商谈养老金计划的参与条件、公司匹配比例等方面。

6. 培训和发展机会

商讨员工培训和发展机会。讨论公司是否提供内部培训、外部培训以及资助员工参加相关培训课程的机会。

7. 职业发展路径

商讨职业发展路径和晋升机会。明确公司对员工职业发展的支持机制和提升机制。

8. 其他员工福利

商谈其他员工福利，如员工折扣、员工活动、员工奖励计划等。这些福利可以提高员工满意度和忠诚度。

9. 合同和条款

确保将商谈结果写入正式的雇用合同或协议，明确双方的权益和责任。确定合同或协议中包含关于薪资、福利和其他待遇的具体条款。

> **温馨提示**
>
> 店长在与应聘者商谈报酬和福利时,要考虑宠物店的财务状况、行业竞争力以及应聘者需求等因素。通过公平合理地商讨报酬和福利,可以吸引并留住优秀的员工,提高员工的满意度和忠诚度。

八、发出录用通知

双方就报酬和福利等事项达成一致后,店长应该通知应聘者录用结果。一旦决定录用应聘者,就要及时给应聘者发出录用通知,不然应聘者就可能去其他公司了;未录用的也要及时告知,可以电话告知或发放未录用通知书。

1. 录用通知的内容

一份完整的录用通知包括的内容如图8-7所示。

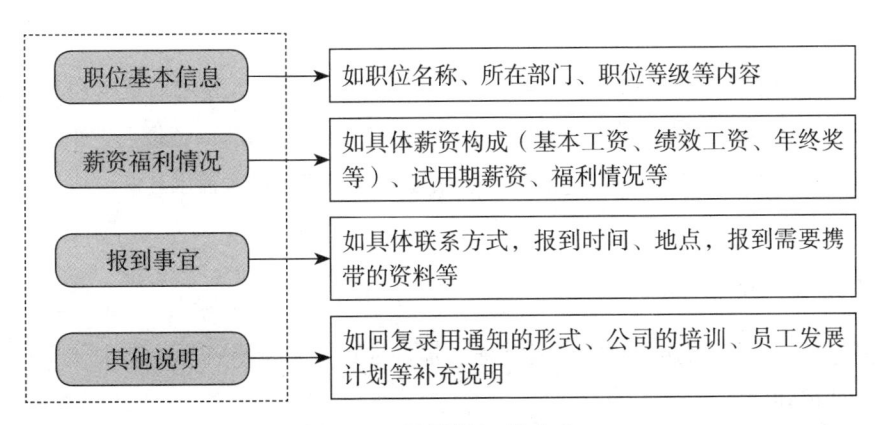

职位基本信息	如职位名称、所在部门、职位等级等内容
薪资福利情况	如具体薪资构成(基本工资、绩效工资、年终奖等)、试用期薪资、福利情况等
报到事宜	如具体联系方式,报到时间、地点,报到需要携带的资料等
其他说明	如回复录用通知的形式、公司的培训、员工发展计划等补充说明

图8-7 录用通知的内容

> **温馨提示**
>
> 关键的录用条件、薪酬待遇等条款要清楚无歧义;不允许出现模棱两可的情况,否则就是存在失责行为。

2. 录用通知发出的形式

作为一种正式的要约，一般要求录用通知以书面并加盖企业公章（或人力资源部门公章）的形式发出。正规的公司，特别是外资企业，大多会以正式的信函方式发出录用通知；国内一些企业也会通过邮件发送录用通知，或者电话通知。

> **温馨提示**
>
> 求职者一旦收到录用通知，并且按照要求予以回复（邮件答复或签字回传等），就代表认可并接受该录用通知。

第二节 加强培训，提升服务质量

宠物行业的服务质量直接关系到顾客对宠物店的满意度和忠诚度，而员工培训是提升服务质量的关键。通过培训，员工能够掌握宠物知识和服务技巧，提升服务质量；通过服务质量管理，宠物店能够不断改进服务，满足顾客需求。

一、宠物知识培训

通过全面的宠物知识培训，员工能够更好地理解和满足顾客的需求，为其提供专业的建议和服务。

1. 培训内容

一些常见的宠物知识培训内容如表8-2所示。

表8-2 宠物知识培训内容

序号	培训内容	具体说明
1	宠物品种	了解不同宠物品种（包括狗、猫、鸟等）的特点、体形、性格和需求

续表

序号	培训内容	具体说明
2	宠物行为	了解宠物的常见行为，如咬嚼、叫声、排泄习惯等，以便能够理解和解决宠物的行为问题
3	宠物营养	了解宠物的营养需求和饮食习惯，包括不同年龄段和特殊情况下的饮食要求
4	宠物健康	掌握常见宠物疾病的预防和识别方法，了解常用宠物药品和宠物保健常识
5	安全与急救	学习如何保障宠物在家庭环境中的安全并掌握基本急救技能，如心肺复苏、止血等
6	家居环境	了解如何为宠物提供安全舒适的家居环境，包括合适的床铺、玩具、猫砂盆等
7	宠物训练	了解基本的宠物训练原则和方法，包括基本指令、社交训练等
8	宠物社交	了解宠物社交的重要性，以及如何帮助宠物适应新环境和与其他宠物相处
9	宠物生活乐趣	了解如何为宠物提供丰富多样的生活乐趣，包括户外活动、玩耍和互动等
10	宠物法律法规	了解与宠物相关的法律法规，包括养宠要求、动物福利等方面的规定

2. 培训方式

在培训过程中，可以采用多种教学方法，如课堂讲授、案例分析、实地观察等。同时，鼓励员工积极参与行业研讨会和学习在线课程等，不断更新和扩充自己的与宠物有关的知识。

二、顾客服务培训

通过有效的顾客服务培训，宠物店能够提供满足顾客需求的优质服务，建立良好的口碑和顾客忠诚度。

1. 培训内容

一些常见的宠物店顾客服务培训内容如表8-3所示。

表 8-3　宠物店顾客服务培训内容

序号	培训内容	具体说明
1	沟通技巧	帮助员工掌握沟通技巧，包括倾听、表达和解释能力。教授如何积极主动地与顾客进行有效沟通的方法
2	服务态度	强调员工对顾客友好、有耐心和有礼貌的态度，以及对顾客需求的关注和尊重
3	问题解决方案	培养员工解决问题和处理投诉的能力，包括快速反应、寻找解决方案和提供合理补偿等
4	产品知识	介绍关于宠物店内商品的详细知识，使员工能够为顾客提供专业的产品推荐和建议
5	顾客满意度	强调员工对顾客满意度的重要性，教授员工如何通过积极主动地关注和回应顾客反馈来提高其满意度
6	时间管理	教授员工如何合理安排时间，以便在繁忙时段能够高效地为多名顾客提供服务
7	跨文化沟通	培养员工与不同文化背景的顾客进行有效沟通的能力，尊重和理解不同文化的差异
8	紧急情况处理	教导员工在紧急情况（如宠物突发疾病或发生意外事件）下保持冷静和采取应对措施
9	顾客关系管理	培养员工与顾客建立良好关系的能力，包括记住顾客的偏好、提供个性化服务等
10	团队合作	鼓励员工之间的团队合作和协作，以便能够为顾客提供更好的服务体验

2. 培训方式

在培训过程中，可以通过角色扮演、案例分析和模拟情境等方式进行实践操作。同时，鼓励员工积极参与行业研讨会和在线学习课程等，不断提升自己服务顾客的技能。

三、美容技术培训

宠物店的美容技术培训是确保美容师能够提供专业的宠物美容服务的重要环节。通过有效的美容技术培训，宠物店能够提供专业的宠物美容服务，满足顾客对宠物外观和卫生的要求。

1. 培训内容

一些常见的宠物美容技术培训内容如表8-4所示。

表8-4 宠物美容技术培训内容

序号	培训内容	具体说明
1	洗澡技巧	教授正确的洗澡步骤和洗澡技巧，包括选用适合宠物毛发和皮肤的洗浴用品、掌握水温和水流量等
2	修剪技巧	教授修剪技巧，包括修剪不同部位（如耳朵、脚爪、尾巴等）的方法和注意事项
3	造型技巧	教授不同宠物品种的造型方法，包括剃毛、修整毛发、造型设计等，以满足顾客对宠物外观的要求
4	毛发护理	了解不同毛发类型（如长毛、短毛、卷毛等）的护理需求，包括梳理、去毛球、防止打结等
5	耳部和眼部护理	教授正确清洁耳朵和眼睛的方法，以预防感染和疾病
6	牙齿护理	教授正确的牙齿护理方法，包括刷牙、使用口腔清洁剂等，以保持宠物口腔健康
7	美容工具使用	介绍不同美容工具（如剪刀、梳子、电动剃毛器等）的使用方法和注意事项
8	宠物皮肤和毛发问题	教授常见的皮肤问题（如皮肤炎症、过敏等）和毛发问题（如脱毛、毛囊炎等）的识别和处理方法
9	安全与卫生	教授美容师在美容过程中的安全操作规程，包括正确使用美容工具、消毒和清洁设备等
10	持续学习机会	鼓励美容师积极参加行业研讨会、学习各类培训课程和参加比赛活动，不断提升自己的美容技术水平

2. 培训方式

可以通过理论讲解、示范演示和实践操作相结合的方式进行培训。同时，鼓励美容师积极应对实际工作中的挑战并提供反馈和指导。

四、训练技巧培训

通过有效的训练技巧培训，宠物店能够提供专业的宠物行为纠正和基本指令训练服务，帮助宠物培养良好的行为习惯并与主人建立良好关系。

1. 培训内容

一些常见的宠物训练技巧培训内容如表8-5所示。

表8-5 宠物训练技巧培训内容

序号	培训内容	具体说明
1	训练原则	介绍基本的宠物训练原则，如正面强化、积极激励和一致性原则等
2	基本指令	教授基本的宠物指令，如坐下、待命、握手等，以及相应的训练方法和步骤
3	社交训练	培养宠物适应社交环境和与其他宠物相处的能力，包括遛狗礼仪、友好互动方式等
4	行为纠正	教授纠正宠物不良行为（如咬人、叫声过大、翻垃圾等）的技巧
5	独立性训练	培养宠物的独立性和自主行为能力，如自主上厕所、自主进食等
6	玩具和游戏	介绍如何利用玩具和游戏来激发宠物的活力和智力，以及提供相应的玩具选择和游戏方法
7	点击器训练	教授点击器训练的原理，以及正确使用点击器训练的方法
8	训练计划制定	教授如何制定个性化的训练计划，根据宠物的品种、年龄、性格和需求等进行有针对性的训练
9	训练记录和评估	强调记录宠物训练过程和成果的重要性，教授如何评估宠物训练的效果
10	持续学习机会	鼓励训练师积极参加行业研讨会、学习各类培训课程和参加比赛活动，不断提升自己的训练技巧

2. 培训方式

可以通过理论讲解、示范演示和实践操作相结合的方式进行培训。同时，鼓励训练师积极应对实际工作中的挑战并提供反馈和指导。

五、卫生与安全培训

通过有效的卫生与安全培训，宠物店能够提供安全卫生的环境，保障员工和宠物的健康与安全。

1. 培训内容

一些常见的宠物店卫生与安全培训内容如表8-6所示。

表 8-6　宠物店卫生与安全培训内容

序号	培训内容	具体说明
1	宠物控制	教授员工如何正确控制和处理不同种类的宠物，包括使用适当的装备和技巧
2	安全操作规程	介绍宠物店内的安全操作规程，包括正确使用工具、防止交叉感染等
3	消毒和清洁	教授员工正确的消毒和清洁方法，包括对笼子、床铺、玩具等设施进行定期消毒和清洁
4	废弃物和污染物处理	教授员工正确处理废弃物和污染物，包括废弃材料、宠物粪便和尿液等
5	紧急情况应对	培养员工在紧急情况下保持冷静和采取应对措施的能力，如应对火灾的能力
6	安全设施设备	介绍宠物店内必备的安全设施设备，如灭火器、急救箱等，并教授员工正确的使用方法
7	顾客安全	强调员工对顾客安全的重视，包括避免宠物攻击、提供安全的宠物携带工具等
8	宠物健康检查	教授员工如何进行宠物健康检查，包括观察宠物行为、皮肤和毛发状况等进行健康相关鉴别
9	防止传染病	介绍常见宠物传染病的预防和控制方法，包括疫苗接种、隔离措施等
10	持续学习机会	鼓励员工积极学习卫生与安全相关培训课程和参加交流活动，不断更新和扩充自己的卫生与安全知识

2. 培训方式

可以通过理论讲解、示范演示和实践操作相结合的方式进行培训。同时，鼓励员工积极参与实际工作中的卫生与安全管理并提供反馈和指导。

六、产品知识培训

通过有效的产品知识培训，员工能够提供专业的产品推荐和建议，满足顾客对宠物产品的需求并与之建立良好的信任关系。

1. 培训内容

一些常见的宠物店产品知识培训内容如表8-7所示。

表8-7 宠物店产品知识培训内容

序号	培训内容	具体说明
1	宠物食品	介绍不同品牌和类型的宠物食品，注意区分不同食品的适用性
2	宠物零食	介绍不同种类和口味的宠物零食，包括训练用零食、口腔护理零食等
3	宠物保健品	介绍常见的宠物保健品，如维生素补充剂、关节保健品、消化系统调理剂等
4	宠物用具	介绍不同种类和功能的宠物用具，如笼子、床铺、饮水器、宠物厕所等
5	宠物玩具	介绍不同种类和材质的宠物玩具，如智力玩具、咀嚼玩具等
6	宠物美容用品	介绍常见的宠物美容用品，如洗浴用品、梳子、刷子、剃毛器等
7	宠物服饰	介绍不同款式和尺寸的宠物服饰，如外套、衣服、项圈等
8	宠物健康监测设备	教授员工常见的宠物健康监测设备（如体温计、血压仪等）使用方法
9	新产品和行业趋势	定期更新员工关于新产品和行业趋势的知识，以确保员工对市场的了解和保持产品竞争力

2. 培训方式

可以通过产品展示、讲解和示范演示相结合的方式进行培训。同时，鼓励员工积极参与实际工作中与产品知识相关的任务并提供反馈和指导。

案例

×× 宠物店员工成长之路

××宠物店是一家知名的宠物用品和宠物服务连锁品牌，以专业的服务和丰富的产品种类受到广大宠物爱好者的喜爱。为了保持和提升服务质量，该宠物店非常重视员工的培训和发展，定期对员工展开以下培训。

1. 宠物知识培训

（1）邀请专业兽医进行授课，讲解宠物的日常护理、常见疾病防治、营养需求等知识。

（2）组织员工观看宠物护理教学视频并进行互动讨论。

（3）安排员工到合作的宠物医院进行实地参观和学习。

2. 服务技巧培训

（1）聘请资深销售顾问进行销售技巧培训，包括如何与顾客建立良好的关系、如何有效推荐产品等。

（2）进行模拟场景演练，让员工在模拟环境中实践沟通技巧和服务流程。

（3）鼓励员工分享自己的服务经验和心得，促进员工相互学习和提升。

3. 产品知识培训

（1）对店内所有宠物产品进行详细介绍和演示，让员工了解产品的特性、用途和使用方法。

（2）组织员工进行产品知识竞赛，激发员工的学习兴趣和积极性。

（3）安排员工到供应商处进行实地考察和学习，了解产品的生产过程和质量控制。

4. 实践操作培训

（1）在店内设置实践操作区域，让员工动手进行宠物护理、产品演示等操作。

（2）安排经验丰富的员工担任导师，对新员工进行一对一的指导和帮助。

（3）定期组织员工进行技能考核和评估，确保员工能够熟练掌握相关技能。

经过系统的培训和学习，××宠物店的员工在宠物知识、服务技巧和产品知识等方面都有了显著的提升。员工们不仅能够为顾客提供专业的宠物护理建议和产品推荐，还能够与顾客建立良好的关系，提供优质的服务体验。顾客对员工的满意度和信任度也随之提高，进一步提升了宠物店的品牌形象和竞争力。

第三节
完善福利，提高员工待遇

为员工提供良好的福利待遇，是宠物店店主必须重视的事项之一。只有通过逐步完善员工福利待遇、提高员工的工作积极性和满意度，宠物店才可以更好地发展壮大。

一、薪酬福利

宠物店可以根据自身情况和员工需求，灵活设计合适的薪酬福利方案。通过给予合理的薪酬福利，宠物店能够吸引和留住优秀人才，激励员工更好地发挥自己的能力。

一些常见的宠物店薪酬福利项目如表8-8所示。

表8-8　宠物店薪酬福利项目

序号	薪酬福利内容	具体说明
1	基本工资	提供具有竞争力的基本工资，根据员工的职位、经验和能力进行调整
2	绩效奖金	设立绩效奖金制度，根据员工的表现和贡献进行奖励，激励员工的工作积极性
3	提成	针对销售岗位和特定业绩目标设立提成制度，根据销售额和业绩完成情况给予额外奖励
4	年终奖金	根据宠物店的业绩和员工表现，发放年终奖金作为对员工一年来的贡献的认可和回报
5	加班补贴	对于需要加班的员工，提供加班补贴或加班费，作为他们付出额外努力的回报
6	节日福利	在重要节日如春节、中秋节等发放节日福利，增强员工的节日获得感
7	社保和住房公积金	为员工缴纳社保和住房公积金，保障员工的社会福利

二、健康保险

宠物店可以为员工提供健康保险计划，以满足员工的健康和医疗需求。一些常见的宠物店健康保险的内容如表8-9所示。

表8-9　宠物店健康保险内容

序号	健康保险内容	具体说明
1	医疗保险	为员工提供医疗保险，覆盖常见的医疗费用，包括门诊、住院等

续表

序号	健康保险内容	具体说明
2	急救和紧急治疗	覆盖员工在紧急情况下的急救和紧急治疗费用
3	慢性病管理	实施慢性病管理计划，帮助员工管理慢性疾病并报销相关药物和治疗费用
4	健康检查	报销员工的健康检查费用，包括体检费用、血液检查费用等
5	健康咨询和辅导	提供健康咨询和辅导服务，帮助员工解决健康问题并提供健康建议
6	疫苗接种	报销员工的疫苗接种费用，包括常规疫苗费用和出差需接种的疫苗费用等

> **温馨提示**
>
> 宠物店可以与保险公司合作，选择适合员工需求的健康保险计划并为员工提供相关信息和指导。

三、假期和休假

宠物店可以设立合理的假期和休假制度，以满足员工的个人需求，帮助员工平衡工作与生活。一些常见的宠物店假期和休假的内容如表8-10所示。

表8-10　宠物店假期和休假内容

序号	假期和休假内容	具体说明
1	带薪年假	根据员工的工作年限和门店规定，提供一定数量的带薪年假，让员工有机会休息和放松
2	病假	允许员工请病假，根据门店规定提供一定数量的带薪和无薪病假
3	婚假	为员工提供带薪婚假，让他们有足够的时间处理结婚事宜
4	产假和陪产假	为员工提供产假和陪产假，以便他们能够照顾新生儿并适应新家庭生活
5	丧假	允许员工请丧假，以处理家庭成员去世等紧急情况
6	节日休息	安排合理的节日休息时间，如春节、中秋节等重要节日
7	弹性休息时间	允许员工根据个人需要调整工作时间，帮助员工更好地平衡工作与生活
8	调休	允许员工将加班的时间用于调休，以便他们能够获得充足的休息时间

续表

序号	假期和休假内容	具体说明
9	特殊假期	根据员工个人情况，提供特殊假期，如哺乳假、家庭照顾假等
10	公休日	为员工安排轮流休息的公休日，以确保每个员工都能享受到一定的休息时间

温馨提示

宠物店可以根据自身情况和员工需求，灵活地设计和实施合适的假期和休假制度。

四、职业福利

宠物店可以为员工提供一系列的职业福利，以帮助他们在职业发展中获得更多的机会和支持。一些常见的宠物店职业福利内容如表8-11所示。

表8-11　宠物店职业福利内容

序号	职业福利内容	具体说明
1	培训和发展	提供培训机会和职业发展计划，帮助员工不断学习和成长，提升职业技能
2	晋升机会	为员工提供晋升通道和晋升机会，根据员工的表现和能力开展评估和晋升工作
3	职业规划	与员工一起制定个人职业规划，为他们提供指导和支持，帮助他们实现职业目标
4	学习资源	提供学习资源，如书籍、在线课程、研讨会等，以便员工能够不断学习和更新知识
5	导师制度	建立导师制度，为新员工和有需要的员工分配导师，提供指导和支持
6	职业交流	鼓励员工参加行业内的职业交流活动、研讨会等，拓展他们的人脉和专业知识
7	专业认证支持	为员工提供专业认证支持，包括报名费用、学习材料等
8	员工评估和反馈	定期进行员工评估和反馈，帮助员工了解自己的表现和发展方向
9	职业咨询	提供职业咨询服务，帮助员工解决职业问题并提供职业建议

五、社交福利

宠物店可以为员工提供一系列的社交福利，以促进员工之间的交流和提升团队凝聚力，形成积极向上的团队氛围。一些常见的宠物店社交福利内容如表8-12所示。

表8-12　宠物店社交福利内容

序号	社交福利内容	具体说明
1	团队建设活动	组织团队建设活动，如户外拓展训练、团队游戏等，增强员工的合作和沟通能力
2	员工聚餐	定期组织员工聚餐，提供一个轻松愉快的环境，让员工更好地交流和互动
3	庆祝活动	举办各类庆祝活动，如生日会、节日庆祝活动等，增强员工的归属感和团队凝聚力
4	社交俱乐部会员	为员工提供加入社交俱乐部的机会，如为其办理健身俱乐部、文化艺术俱乐部等的会员，丰富他们的业余生活
5	旅游活动	组织旅游活动，让员工有机会放松身心、增进彼此之间的了解和友谊
6	社交活动补贴	为员工提供一定额度的社交活动补贴，如参加社交聚会、演唱会、体育赛事等的补贴
7	内部社交平台或群组	建立内部社交平台或群组，方便员工交流和分享，促进信息流通和团队合作
8	员工家属活动	组织员工家属活动，如家庭日、亲子活动等，增进员工与家人之间的互动和联系
9	社会公益活动	组织员工参与社会公益活动，如志愿者服务、慈善捐赠等，增强员工的社会责任感和团队凝聚力
10	员工交流会议	定期举办员工交流会议，提供一个平台让员工分享经验、互相学习和互相支持

第四节　设定目标，实施绩效评估

绩效考核管理是宠物店经营中至关重要的一环，通过合理的目标设定、绩效评估，以及绩效沟通和持续改进，能够有效激励员工，提升整体绩效水平。宠物店应根据自身情况制定合适的绩效管理方案并不断改进和完善，以推动宠物店的可持续发展。

一、设定明确的目标

绩效目标是绩效考核的基础。店长应与员工一起设定明确的工作目标和绩效指标，确保员工清楚地知道他们的职责和努力方向。

店长可以根据宠物店的具体情况和发展目标，设定如图8-8所示的绩效目标。

```
☑ 销售业绩                    ☑ 时间管理和效率
☑ 顾客满意度                  ☑ 问题解决能力
☑ 宠物健康和安全              ☑ 顾客关系管理
☑ 团队合作                    ☑ 个人发展目标
☑ 专业知识和技能              ☑ 企业价值观和文化
```

图 8-8　绩效目标

1. 销售业绩

设定销售目标，包括宠物食品、宠物用品、宠物服务等方面的销售额和销售数量。评估员工在促销、顾客关系管理和销售技巧方面的表现。

2. 顾客满意度

通过顾客反馈调查和评价系统来评估员工在服务质量和顾客满意度方面的表现。关注员工对顾客需求的理解和满足程度。

3. 宠物健康和安全

评估员工在宠物护理和健康管理方面的表现，包括喂养、清洁、照顾宠物，确保宠物店环境安全卫生。

4. 团队合作

考察员工在团队合作中的表现，包括与同事协作的情况、是否积极共享信息资源、是否积极参与团队活动和项目等。

5. 专业知识和技能

评估员工对宠物品种、护理知识和行业趋势的了解程度。关注他们是否持续学习和提升自己的专业能力。

6. 时间管理和效率

考察员工在时间管理和任务完成方面的能力。评估他们是否能够合理安排工作时间、高效完成任务并遵守工作流程。

7. 问题解决能力

评估员工在面对问题时的解决能力。关注他们是否能够快速反应、分析问题并提出解决方案。

8. 顾客关系管理

评估员工在与顾客互动和沟通方面的表现。关注他们的服务态度、沟通技巧和解决问题的能力。

9. 个人发展目标

与员工一起设定个人发展目标，包括学习新技能、学习培训课程和提升职位等方面。评估员工在实现个人发展目标方面的努力和成果。

10. 企业价值观和文化

评估员工对企业价值观和文化的理解和践行程度。关注他们的价值观是否与企业价值观相符，是否能积极推动企业文化建设。

> **温馨提示**
>
> 根据宠物店的具体情况，结合上述绩效目标制定合适的具体指标，与员工共同设定绩效目标。但需要确保目标设定具有可量化性和可衡量性，以激励员工努力工作并实现个人和店铺的共同目标。

二、绩效评估

通过有效的绩效评估，可以识别出优秀员工并激励他们，同时也可以帮助员工改进不足之处并实现个人成长。这有助于提高宠物店的整体绩效和员工满意度。

宠物店在进行绩效评估时，可以参考如图8-9所示的步骤。

```
设定评估标准              跟踪和反馈
    ↓                        ↑
 收集数据               定期回顾
    ↓                        ↑
 多方式评估            建立绩效管理系统
    ↓                        ↑
召开绩效评估会议 ────────────┘
```

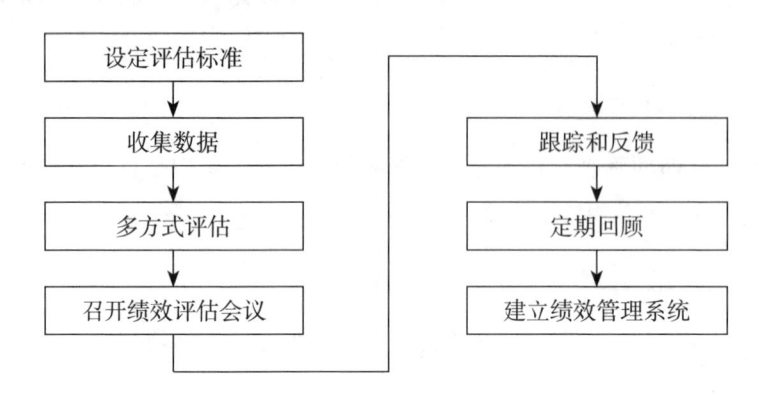

图 8-9　绩效评估的步骤

1. 设定评估标准

店主应设定明确的绩效评估标准，根据员工的职位和职责来评估他们在关键领域的表现。这些标准包括销售业绩、顾客满意度、宠物健康和安全、团队合作等方面。

2. 收集数据

店主应收集相关数据来支持绩效评估，如销售数据、顾客满意度调查结果、宠物健康记录等。这些数据可以作为客观依据来评估员工表现。

3. 多方式评估

店主应采用多种评估方法来全面了解员工的表现。除了直接上级的评估外，还可以考虑同事互评、顾客反馈、自我评估等方式。

4. 召开绩效评估会议

店主应与员工召开绩效评估会议，讨论他们的绩效表现和评估结果。在会议中提供具体的反馈和建议，与员工共同制定改进计划和目标。

5. 跟踪和反馈

店主应定期跟踪员工的改进和发展情况，提供持续的反馈。与员工保持沟通，确保他们了解自己的表现和目标并为其提供支持和指导。

6. 定期回顾

店主应定期回顾绩效评估过程，根据反馈和经验进行改进。这样可以不断优化绩效评估方法，提高其有效性和准确性。

7. 建立绩效管理系统

店主可以建立一个有效的绩效管理系统，包括目标设定、数据收集、评估方法等。这样可以更好地管理和跟踪员工的绩效，为他们提供发展机会。

> **温馨提示**
>
> 宠物店应确保绩效评估过程公平公正，避免主观偏见和歧视。评估标准应透明、明确，根据事实和数据进行评估。

三、绩效沟通

店主通过有效的绩效沟通，可以帮助员工了解自己的表现和发展方向，同时也可以让员工有机会表达自己的想法和需求。这有助于提升员工的参与感和满意度，促进他们的个人成长和职业发展。

店主可以采取如图8-10所示的方法来进行绩效沟通。

定期召开一对一会议	制作绩效评估报告	双向沟通
目标设定	提供奖励和激励方案	制定个人发展计划
及时反馈	记录和跟进	建立信任关系

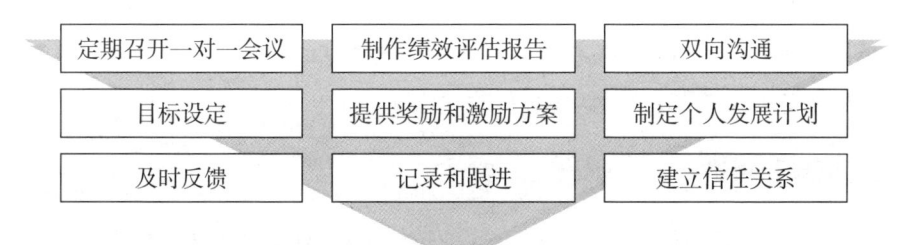

图 8-10　绩效沟通的方法

1. 定期召开一对一会议

店主应与员工定期召开一对一会议，讨论他们的绩效表现、工作进展和面临的挑战。这有助于为员工提供及时的正面反馈和建设性指导，帮助他们改进和成长。

2. 制作绩效评估报告

店主应制作绩效评估报告，将员工的绩效评估结果以书面形式呈现给他们。报告中可以包括具体的评估指标、得分和评价意见等。

3. 双向沟通

确保绩效沟通是双向的，不仅上级对员工进行评估，也要给员工机会表达他们对绩效评估结果的看法和意见。店主应倾听员工的反馈，共同讨论如何改进和提升。

4. 目标设定

店主应与员工共同设定明确的目标，并在绩效沟通中回顾目标实现情况，讨论目标实现情况、挑战和下一步行动计划。

5. 提供奖励和激励方案

根据绩效评估结果，店主应提供奖励和激励方案，以鼓励员工的优秀表现。与员工讨论奖励和激励措施，确保他们理解和接受。

6. 制定个人发展计划

根据绩效评估结果，店主应与员工一起制定个人发展计划。明确他们的发展需求和目标，提供相应的培训和发展机会。

7. 及时反馈

绩效沟通应及时进行，不仅可以在年度绩效评估时进行，还可以在日常工作中进行。及时表扬员工的优秀表现并提供改进建议。

8. 记录和跟进

店主应在绩效沟通中记录重要的讨论内容、行动计划和承诺。跟进员工的改进行动，定期回顾绩效沟通结果。

9. 建立信任关系

店主应通过绩效沟通来建立良好的信任关系，鼓励员工敞开心扉，分享意见和想法。营造开放、透明和支持性的沟通氛围。

四、绩效考核记录

为了更好地管理绩效考核，宠物店应建立相应的绩效考核记录制度。通过建立绩效考核记录制度，可以对员工的绩效进行全面而系统的跟踪和管理。这有助于提高宠物店的整体绩效，为员工提供发展机会。同时，这些记录也可以作为参考资料，用于后续的绩效评估和制定个人发展计划。

宠物店绩效考核记录信息如表8-13所示。

表8-13 宠物店绩效考核记录信息

序号	记录信息	具体说明
1	员工基本信息	包括员工姓名、职位、入职日期等基本信息
2	绩效评估周期	记录绩效评估的具体周期，如年度、季度等
3	绩效指标和标准	列出用于评估员工绩效的指标和标准，如销售额、顾客满意度等
4	数据信息收集	记录用于评估员工绩效的数据信息来源，如销售记录、顾客反馈、宠物健康记录等
5	绩效评估方法	说明采用的绩效评估方法，如直接观察法、顾客满意度调查法、同事互评法等
6	绩效评估结果	记录员工在各项指标上的得分和表现情况，可以使用数字得分和文字描述来表示
7	反馈和建议	提供具体的反馈和建议，指出员工在哪些方面表现出色、哪些方面需要改进，给予具体的例子和数据支持
8	目标设定和改进计划	与员工一起设定明确的目标，记录改进计划和行动计划
9	奖励和激励方案	记录根据绩效评估结果提供的奖励和激励方案，如绩效奖金、晋升机会、培训机会等
10	跟踪和反馈	定期跟踪员工的改进和发展情况并记录反馈的情况，包括员工的自我评估、上级的观察和反馈等信息
11	签字确认	在绩效考核记录中留出签字确认的空间，让员工和上级都可以签字确认绩效评估结果和反馈内容

第九章
营销推广

导　言

　　宠物店进行营销推广不仅有助于提升销售额和品牌影响力，还能够提高顾客忠诚度、优化库存管理、拓展新顾客群体、提升员工士气以及加强与合作伙伴的关系。因此，宠物店应该重视营销推广工作，制定有效的营销策略并持续投入资源来推动店铺发展。

第一节
社群营销，聚拢消费群体

社群营销是基于相同或相似的兴趣爱好，通过某种载体聚集人气，通过产品或服务满足群体需求而产生的商业形态。社群营销的载体不局限于微信，各种平台都可以做社群营销。例如论坛、微博、QQ群，甚至线下的社区，都可以做社群营销。

一、建群的作用

对于宠物店来说，建群的作用如图9-1所示。

```
┌──────────────┐         ┌──────────────┐
│  有利于延伸服务  │         │  有利于客户沉淀  │
└──────────────┘   ◇◇◇   └──────────────┘
┌──────────────┐         ┌──────────────────┐
│  有利于活动推广  │         │ 有利于打造个人IP │
└──────────────┘         └──────────────────┘
```

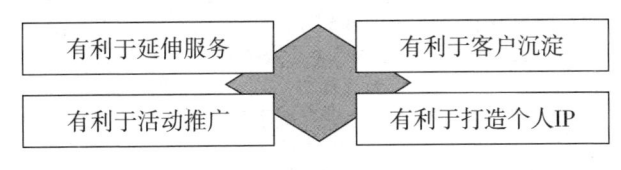

图 9-1　建群的作用

1. 有利于延伸服务

宠物店业务覆盖范围一般是方圆2～3千米，如果区域内还有其他宠物店与自己的店铺竞争，生意会更难做。建群就是为了扩大自己店铺的业务覆盖范围。有了群，就可以把自己的顾客拉进群里，在群里做优惠活动。凡是加群的顾客都有优惠，同时允许顾客把朋友拉进群里一起享受优惠。这样就可以把5千米之外的顾客覆盖到业务范围。

2. 有利于客户沉淀

如果宠物店没有一个维系顾客的渠道，顾客就很容易被其他宠物店抢走。因此，宠物店需要一个平台，比如社群来留存顾客，让其变成自己店铺的忠实顾客。

3. 有利于活动推广

线下活动宣传覆盖面小，宣传成本高。利用社群做活动推广，只需做一个活动文案然后发布，就可以让群里所有顾客都知道店铺的活动。

4. 有利于打造个人IP

现在这么多自媒体人能获得成功，是因为他们每一个人都是个人IP，每一个人都是自己的品牌，消费者认准的是这个人。同样，宠物店店主也要打造自己的品牌，而建群可以为打造个人IP助力。

二、社群营销的策略

社群营销是推广宠物店的关键策略之一。社群营销通过建立社群与潜在顾客产生联系和持续沟通，可显著提升产品的销量和品牌的知名度。宠物店可以考虑的社群营销策略如图9-2所示。

建立社交媒体账号	参与社群	社交媒体互动
让用户生成内容	举办社交媒体活动	与宠物博主合作
投放社群广告	参与社群活动	社群管理和监测

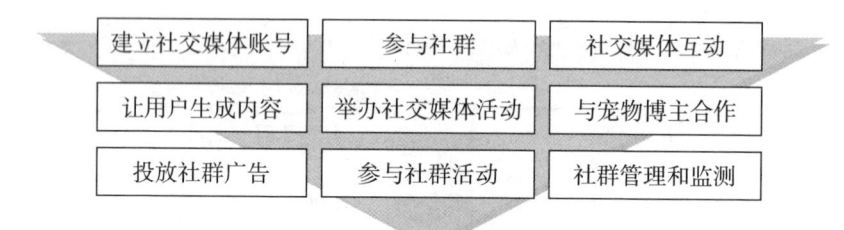

图9-2 社群营销的策略

1. 建立社交媒体账号

建立宠物店的社交媒体账号，如微博、小红书、微信公众号等。定期发布有趣、实用的与宠物相关的内容，吸引潜在顾客的关注和参与。

2. 参与社群

积极参与与宠物相关的在线社群和论坛，如宠物爱好者论坛、养宠物微信群等。在社群中积极回答问题、提供建议并分享有价值的内容，树立专业形象。

3. 社交媒体互动

积极回应顾客在社交媒体上的留言。与顾客互动，展示关心和专业性，可以提升店铺的品牌形象和信誉度。

4. 让用户生成内容

鼓励顾客在社交媒体上分享他们在宠物店的购物体验、服务评价和宠物照片，可以提供奖励和折扣券作为回馈，激励顾客积极参与。

5. 举办社交媒体活动

举办有趣的社交媒体活动，如最美宠物照片比赛、最佳宠物表演投票活动等。鼓励顾客参与并分享，提升品牌曝光度和互动性。

6. 与宠物博主合作

与有影响力的宠物博主合作，让他们代言或推荐宠物店的产品和服务。这可以吸引更多粉丝和顾客关注，提升品牌曝光度。

7. 投放社群广告

在社交媒体上投放广告，针对特定的受众群体进行定向推广。可以根据年龄、地理位置、兴趣爱好等因素进行精准定位，增强广告效果。

8. 参与社群活动

积极参与当地社区的宠物活动、义卖会和慈善活动，展示宠物店的社会责任感和关爱精神，提升品牌形象和认可度。

9. 社群管理和监测

定期管理和监测社交媒体账号和在线社群的活动。回应顾客的留言，及时解决问题，根据反馈进行调整和改进。

三、社群运营的对策

店主建群后一般都会遇到这样的问题：没人说话、有人说坏话、建小群等。如果处理不善，建群就会毫无意义。不仅群会解散，还会影响宠物店的声誉。那么，应如何应对这些问题呢？具体对策如图9-3所示。

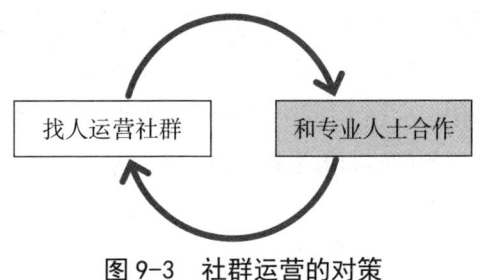

图9-3　社群运营的对策

1. 找人运营社群

运营社群的人一定要养宠物，找3~4个人就行。运营人员是社群的润滑剂，能活跃宠物社群。这些运营人员主要做些什么呢？

首先，在群里分享自己的宠物。运营人员要在群里分享自己的宠物，吸引群员询问宠物吃什么食物、玩什么玩具、去哪里美容等问题。这时候运营人员就可以说使用的是××宠物店的产品。

其次，在群里分享教学视频。

比如，在群里分享宠物店修剪狗毛、给狗狗洗澡的小视频。一些群员看后会有自己动手的冲动，但是真正能长期自己动手的群员几乎没有。而运营人员分享的这些内容，会让群员对宠物店产生好感。

最后，在群里消灭危机。宠物店最怕出现信誉危机，最严重的是宠物死亡事件。一旦发生，宠物店的信誉很难保证。

社群是一个群体，而群体有一个很重要的特征——事件可以迅速发酵至爆发，你一言我一语就可以把一个小问题无限放大。比如，有群员在群里说宠物店的坏话，运营人员这时候就需要站出来为宠物店说好话，一是安抚说坏话群员的情绪，二是对其他群员进行引导，主要是告诉看客们"有这么多的人替宠物店说好话，这家宠物店是值得信赖的"。就像在网上买东西，看到少许差评，但是有更多好评，很多顾客照样会选择购买。

2. 和专业人士合作

对于很多人来说，专业人士的意见会主导他们的生活。以养宠来说，宠物医生、牵犬师等人的意见对养宠人更受用。这些专业人士可以在群里做什么呢？

第一，答疑解惑。每周固定一个时间开展答疑解惑活动。固定时间一是因为专业人士的时间有限，二是为了培养群员的习惯，让他们不会忘了我们。答疑是为了调动群员的积极性，让群员和专业人士、群员和群员之间进行互动。活动结束后可以由专业人士推荐几款店里的商品，有专业人士背书，商品会更容易出售。

第二，教学。每周固定一个时间进行教学，如宠物医生做义诊、牵犬师做宠物训练等。让群员把自己宠物的问题提出来，由专业人士给出具体的处理意见。

> **案例**

通过社群预售，7天卖出2万多元的驱虫药

大多数宠物主人通常会在夏秋交替时给宠物驱虫。但驱虫药进价高，门店又不能确定顾客对驱虫药的需求量，因此小店根本不敢大量囤货，从而无法获得大的销售额。

××宠物店想到了一个有效的社群促销的方法。

店主先把驱虫药的促销文案发送到朋友圈和社群，采取预售方式，告知顾客越早买越便宜。同时，又给顾客做售后承诺，货到后顾客到店可以直接享受优惠。

预售3天后，预售金额就达到8000元。而此时与供应商拿货，因为一次性进货数量巨大，所以就谈到了一个更优惠的价格。

此外，在预售的驱虫药到货的前2天，××宠物店还在店内设置专门的展示区，立好促销牌，但上面的价格要比预售的高出10%。同时在产品陈列周围张贴门店客服号的二维码。当顾客知道预售的价格比门店促销的价格还要优惠时，自然愿意添加客服号进行预订。

这样线上线下相结合的促销方式，不仅让××宠物店谈到了更低的进货价，还降低了库存风险。最终，这家宠物店在7天内卖了2万多元的驱虫药，相当于原来2个月的销售额。

第二节 会员营销，提高客户忠诚度

宠物店会员制度作为一种营销手段，旨在吸引和留住客户，提高和增强客户忠诚度和消费意愿。通过提供优惠价、专属服务和其他福利，会员制度可以帮助宠物店提升品牌忠诚度和树立良好的口碑，提高客户回头率，增加销售额。

一、会员营销的策略

宠物店实施会员营销需要综合运用多种手段，可以从会员等级制度、积分系统、个性化服务、线上线下联动、合作伙伴关系、定期促销和特惠活动、优质的顾客服务等方面入手，以提升会员的活跃度、忠诚度和参与度。具体如表9-1所示。

表9-1　宠物店实施会员营销的策略

序号	营销策略	具体说明
1	会员等级制度	（1）等级划分：可以根据会员的消费金额和购买频次，设立不同的会员等级，如普通会员、银卡会员、金卡会员等 （2）等级权益：不同等级的会员享受不同的优惠和服务。例如，金卡会员可以享受更高的消费折扣以及宠物免费洗澡、理发、护理等特权
2	积分系统	（1）积分累积：会员每消费一定金额即可获得相应积分，积分可用于在宠物店兑换商品和服务 （2）积分活动：定期举办积分兑换活动，激发会员使用积分的积极性
3	个性化服务	（1）定制推荐：根据会员的宠物品种、年龄和健康状况，提供个性化的商品推荐和服务建议 （2）专属活动：组织会员专属活动，如宠物生日派对、宠物摄影比赛等，增强会员的归属感和参与度
4	线上线下联动	（1）线上平台：利用微信、微博等社交媒体平台，定期发布宠物护理知识、新品信息等，吸引会员关注和互动 （2）线下活动：举办线下宠物聚会、宠物知识讲座等活动，加强会员之间的交流
5	合作伙伴关系	（1）跨界合作：与相关行业如宠物医院、摄影店等建立合作关系，为会员提供更全面的服务 （2）联名产品或服务：推出联名产品或服务，拓展会员权益，给会员带来更多选择和惊喜
6	定期促销和特惠活动	（1）促销和特惠活动：定期举办促销和特惠活动，如买一送一、满额减免等，吸引会员消费 （2）会员日：设立会员日，提供专属优惠和服务，提升会员的活跃度和忠诚度
7	优质的顾客服务	（1）专业培训：对员工进行专业培训，确保他们能够提供热情、周到的服务 （2）顾客反馈：定期收集顾客反馈，及时改进产品和服务，提高顾客满意度

二、吸引顾客办理会员

为了吸引更多顾客办理会员，宠物店可以采取如表9-2所示的策略。

表9-2 宠物店吸引顾客办理会员的策略

序号	吸引策略	具体说明
1	提供吸引人的会员优惠	（1）推出办理会员即可享受的首次优惠，如首次办理会员送优惠券、折扣或积分 （2）设定会员专属折扣和特价商品，让顾客看到成为会员后立即能享受到的实在好处
2	简化会员注册流程	（1）将会员注册流程设计得尽可能简单快捷，降低顾客的操作难度和时间成本 （2）提供多种注册方式，比如在线注册、店内扫码注册等，以方便不同习惯的顾客
3	提高会员权益的透明度	（1）清晰明了地展示会员能享受到的所有权益，让顾客明白办理会员的价值 （2）通过店内展示、宣传册和线上平台详细介绍会员的各项特权和服务
4	开展限时办理会员福利活动	定期开展限时办理会员福利活动，如限时办理会员送礼品、折扣券和额外的积分，制造紧迫感，鼓励顾客及时办理
5	提供会员推荐奖励	设立会员推荐计划，鼓励现有会员邀请他们的朋友和家人加入。被推荐人和推荐人都可以获得一定的奖励，如获得积分、优惠券或礼品等，以此激励更多人参与
6	加强品牌宣传和教育	（1）通过社交媒体、广告、宣传册等多种渠道宣传会员制度及其优势 （2）在店内设置专门的会员服务区和咨询台，解答顾客对会员制度的疑问
7	与顾客建立情感连接	（1）举办会员专属活动，如会员聚会、宠物交流会等，以增强会员的社群归属感 （2）定期发送个性化的邮件和短信，在会员生日或重要节日时给予祝福，提升情感价值
8	合作与联名推广	与其他品牌和当地社区合作，通过联名会员卡和互惠活动吸引更多潜在会员
9	提供试用机会	推出会员体验活动，让顾客在办理正式会员之前能够试用部分会员特权
10	优质的售后服务和顾客关怀	（1）提供优质的售后服务，及时解决顾客的问题和投诉，树立良好的口碑 （2）定期跟进非会员顾客，了解其不办理会员的原因，提供相应的解决方案和优惠吸引其办理会员

通过综合运用以上策略，宠物店可以有效增强顾客对成为会员的兴趣和动力，从而吸引更多的顾客办理会员。

三、提高会员的参与度

对于宠物店来说，不仅要吸引顾客办理会员，还要提高会员的参与度，增强他们与宠物店之间的日常联系和情感连接。这将有助于提升宠物店的知名度和口碑，进而促进业务的持续增长。宠物店提高会员参与度的措施如表9-3所示。

表9-3 宠物店提高会员参与度的措施

序号	措施	具体说明
1	举办线下互动活动	定期举办会员专属的线下互动活动，如宠物摄影比赛、宠物才艺展示、宠物训练课程等。这些活动不仅能增加宠物店的趣味性，还能让会员更积极地参与进来
2	线上社交媒体互动	利用线上社交媒体平台（如微信、微博等）定期发布有趣的内容，并鼓励会员参与讨论和分享。可以设置话题讨论、问答互动以及投票活动，提升会员的线上参与度
3	会员调查和反馈	定期进行会员满意度调查，收集会员对于宠物店产品、服务和活动的反馈。根据反馈调整策略，向会员展示他们的意见如何被采纳和改进。这样能增强他们的参与感和归属感
4	举办教育和培训活动	提供关于宠物护理、训练和营养等方面的免费讲座和实践课。这些活动不仅能提供有价值的信息，还能吸引会员积极参与，增强他们与宠物店之间的联系
5	发送定制化的营销信息	根据会员的购物历史和偏好，发送定制化的营销信息，推荐他们可能感兴趣的新产品和服务。这种个性化的推荐能够激发会员的兴趣和提高其参与度
6	推出会员专属优惠和促销活动	定期为会员推出专属优惠和促销活动，如折扣、买一赠一等。这些活动不仅能刺激会员的消费欲望，还能提高他们的购物频次和参与度
7	建立会员社区	创建会员专属的社区，鼓励会员分享他们的宠物故事、养宠经验和建议。这种社区不仅能加强会员之间的联系和互动，还能增强他们的归属感
8	持续沟通和跟进	通过电子邮件、短信和电话等方式，定期与会员保持沟通，了解他们的需求和反馈。及时回应会员的问题和建议，让他们感受到被关注和被重视

> **案例**
>
> ### ××宠物店实施会员闭环管理，利润增长30%
>
> ××宠物店位于某社区附近，到店的顾客多源自该社区附近人流，生意一直不错。但是随着周边陆续新开了几家宠物店，店里的业绩明显下滑，利润也不像之前那么高。店主看着店里的顾客越来越少，绞尽脑汁想到了一个会员闭环管理的办法，即"多种引流—会员购买—会员管理—会员营销"。经过仔细推敲后，拟出了以下方案。
>
> **1. 多种引流**
>
> 通过微信小程序中"附近的小程序"这个功能，免费帮助××宠物店有效拓展门店附近的客源，结合线下传单扫码领取优惠券吸引新客。
>
> **2. 会员购买**
>
> 利用注册会员即可领取优惠券的方式，把新客转化成会员。同时引导会员购买充值卡，享受买卡就送大礼包等更多优惠。
>
> **3. 会员管理**
>
> 会员通过小程序可以自助预约空闲的宠物美容师，既避免了到店后等待时间过长的问题，又提升了体验感。同时，××宠物店能清楚了解会员的消费倾向信息，便于后续开展有针对性的营销工作。
>
> **4. 会员营销**
>
> 利用大转盘、拼团、积分兑奖等会员营销活动，让会员在参与活动的同时，也带来销量。
>
> ××宠物店通过实施会员闭环管理，很快就锁定了部分会员，提升了店铺知名度，利润也较之前增长30%。

第三节 口碑营销，获取潜在顾客

口碑营销是指企业在市场营销中，通过顾客的口口相传，将自己的产品和服务传播给更多的潜在顾客，从而提高品牌知名度和认可度，达到营销目的的营销方式。宠物店通过顾客口碑传播和推荐，可以有效提高知名度和信誉度。

一、口碑营销的策略

通过巧妙地利用口碑营销策略，宠物店可以借助顾客的力量来推广店铺，提高店铺的知名度、信誉度和销售额。一些常见的口碑营销策略如图9-4所示。

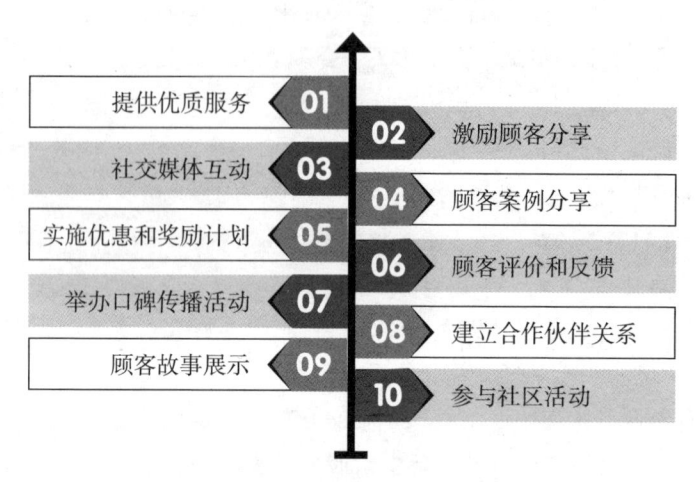

01 提供优质服务	02 激励顾客分享
03 社交媒体互动	04 顾客案例分享
05 实施优惠和奖励计划	06 顾客评价和反馈
07 举办口碑传播活动	08 建立合作伙伴关系
09 顾客故事展示	10 参与社区活动

图 9-4　口碑营销的策略

1. 提供优质服务

确保员工友好、专业，提供顾客所需的个性化建议和解答。满足顾客需求，让他们感到满意并愿意将店铺推荐给他人。

2. 激励顾客分享

鼓励顾客在社交媒体上分享他们在宠物店的购物体验、对宠物服务的评价和在宠物店与宠物的合影照片等。可以提供奖励或折扣券作为回馈，激励顾客积极参与。

3. 社交媒体互动

积极回应顾客在社交媒体上的留言。与顾客互动，展示关心和专业性，可以提升店铺的品牌形象和信誉度。

4. 顾客案例分享

鼓励顾客在宠物店内和网站上分享他们的购物体验、宠物故事和产品使用心得。这些真实事例可以提升店铺的信誉度和吸引力,吸引更多潜在顾客。

5. 实施优惠和奖励计划

对于忠诚度高的顾客,给予顾客积分、折扣和特别优惠。通过回馈顾客的忠诚度,增加他们的购买频率和消费金额。

6. 顾客评价和反馈

鼓励顾客在宠物店网站、社交媒体和第三方评价平台上留下评价和反馈。这些正面的评价和反馈可以增强潜在顾客的信任度和购买意愿。

7. 举办口碑传播活动

举办口碑传播活动,如推荐有奖、分享有礼等。鼓励顾客推荐新顾客并给予一定的奖励或回馈。

8. 建立合作伙伴关系

与当地的宠物美容师、兽医、宠物训练师等建立合作伙伴关系。互相推荐顾客,共同举办促销活动,扩大受众群体。

9. 顾客故事展示

在宠物店内和网站上展示顾客故事和照片,让潜在顾客了解他们的购物体验和满意度。

10. 参与社区活动

积极参与当地社区的宠物活动、义卖会和慈善活动,展示宠物店的社会责任感和关爱精神,进而提升品牌形象和认可度。

二、口碑营销的注意事项

在进行口碑营销时,宠物店需要注意的事项如图9-5所示。

事项一	提供优质的产品和服务，确保顾客满意和好口碑
事项二	积极回应顾客的反馈和问题，及时解决顾客的疑虑和困扰
事项三	提供方便的分享渠道，鼓励顾客分享他们的购物体验和宠物故事
事项四	定期监测和评估口碑营销效果，根据反馈进行调整和改进

图 9-5　口碑营销的注意事项

案例

××宠物店口碑营销策略

××宠物店位于城市繁华的商业区，自开业以来，始终秉承"为宠物提供最好的呵护"的理念，致力于为宠物爱好者提供高品质的产品和服务。

为了进一步提升品牌知名度和顾客满意度，××宠物店决定实施以下口碑营销策略。

1. 提供优质服务

（1）××宠物店注重提升顾客的服务体验，从顾客进店到离店，全程提供贴心服务。员工接受专业培训，了解宠物护理知识，能够给顾客提供专业的建议和帮助。

（2）店内环境整洁舒适，设有专门的宠物活动区和休息区，让宠物和顾客都能感受到家的温馨。

（3）提供免费咨询和宠物健康检查服务，让顾客能够更加放心地选择产品和服务。

2. 实施顾客关怀计划

（1）推出会员制度，为会员提供积分兑换、生日优惠、新品试用等专属福利。

（2）定期举办宠物主人交流会和宠物健康讲座，增强顾客与店铺之间的情感联系。

（3）设立顾客反馈箱和线上评价系统，及时了解顾客需求和意见，不断改进和优化服务。

3. 社交媒体互动

（1）利用微信、微博等社交媒体平台发布宠物护理知识、宠物故事和店内活动信息，吸引潜在顾客关注。

（2）鼓励顾客在社交媒体上分享自己的宠物照片和购物体验，设置话题标签和分享奖励机制，激发顾客的参与热情。

（3）与宠物博主合作，邀请他们到店体验并分享给粉丝，扩大品牌影响力。

4. 参与公益活动

（1）参与当地的宠物救助和领养活动，为流浪动物提供食物和庇护所。

（2）举办宠物义诊和疫苗接种活动，提高宠物健康水平。

（3）通过公益活动提升和增强品牌形象和社会责任感，获得更多有爱心的顾客的关注和支持。

××宠物店通过实施以上口碑营销策略，取得了显著效果。

（1）顾客满意度提升。通过提供优质服务和实施顾客关怀计划，顾客感受到了店铺的用心和诚意，提高了顾客满意度和忠诚度。社交媒体互动和参与公益活动提升了顾客对店铺的信任度和好感度。

（2）品牌知名度扩大。社交媒体上的广泛传播和宠物博主的推荐让××宠物店的品牌知名度迅速扩大。参与公益活动提升了店铺的社会声誉和影响力。

（3）销售额增长。口碑营销的成功吸引了大量新顾客前来购物，推动了销售额的持续增长。会员制度和积分兑换等福利措施提高了顾客的回头率和消费频次。

第四节
线上推广，实现业绩倍增

线上推广是宠物店推广的重要手段之一，可以通过互联网渠道来提高宠物店的知名度，吸引更多潜在顾客。

一、建立专业网站

建立专业网站是宠物店开展线上推广的重要一环,可以展示宠物店的基本信息、产品和服务,吸引潜在顾客。建立专业网站的要点如表9-4所示。

表9-4 建立专业网站的要点

序号	要点	具体说明
1	网站设计	选择专业的网站设计团队或使用现成的网站模板。确保网站设计美观、易于导航和响应,适应不同设备和屏幕尺寸
2	品牌形象展示	展示宠物店的品牌形象,包括标志、颜色、字体等。确保品牌形象一致,与线下推广活动相协调
3	信息展示	提供宠物店的基本信息,如地址、联系方式、营业时间等。同时介绍宠物店的特色、优势等,吸引潜在顾客
4	产品和服务展示	展示宠物店提供的产品和服务,包括宠物食品、宠物用品、宠物美容服务等。提供详细的产品和服务描述,如价格和购买方式
5	客户评价展示	展示顾客对宠物店的评价和反馈。这可以提升宠物店的信誉度和吸引力,让顾客更有信心选择你的宠物店
6	创建资讯栏目	创建一个资讯栏目,提供有用的与宠物相关的内容。可以分享养宠技巧、宠物健康知识、宠物相关新闻和活动等,吸引潜在顾客并提高网站的价值
7	与社交媒体整合	在网站上添加社交媒体图标和链接,方便顾客关注宠物店的社交媒体账号。这不仅可以增加品牌曝光度,还可以与顾客建立更紧密的联系
8	网站分析	安装网站分析工具,如Google Analytics,定期监测网站流量、用户行为等数据。根据数据结果进行优化和改进,提升用户体验和转化率

温馨提示

建立专业网站需要投入一定的时间和资源,但这是宠物店开展线上推广不可或缺的一环。一个专业、易于使用且信息丰富的网站,可以使宠物店吸引更多潜在顾客并提高品牌形象和销售额(当然,在实际应用中,为了经济实用,可以考虑使用小程序来替代专业网站)。

二、搜索引擎优化

搜索引擎优化（Search Engine Optimization，SEO）是一种通过优化网站内容和结构，提高网站在搜索中的排名，从而增加有机流量和提高网站可见性的策略。搜索引擎优化的策略如表9-5所示。

表9-5 搜索引擎优化的策略

序号	优化策略	具体说明
1	关键词研究	进行关键词研究，了解潜在顾客在搜索中经常使用的关键词。选择与宠物店相关且具有较高搜索量和较低竞争度的关键词
2	网站内容优化	将选定的关键词合理分布在网站的标题、副标题、正文、图片标签等位置，确保内容自然流畅，不过度堆砌关键词
3	网站结构优化	确保网站结构清晰、易于导航并使用合适的URL（统一资源定位系统）结构。创建简洁、描述性和易于理解的URL链接
4	内部链接建设	在网站内部建立相关性强的内部链接，帮助搜索引擎更好地理解网站结构和内容之间的关系
5	外部链接建设	将其他相关网站和博客链接到宠物店网站。这些外部链接可以提高网站的权威性和可信度，以及搜索引擎对网站的评价
6	网站速度优化	确保网站加载速度快，避免过多的大型图片和不必要的脚本。优化网站代码和服务器配置，提升用户体验和搜索引擎对网站的评价
7	移动友好性	确保网站在移动设备上的显示和使用体验良好。使用响应式设计或移动优化版本，以适应不同屏幕尺寸和设备
8	用户体验优化	提供良好的用户体验，包括易于导航和清晰的页面布局、有用的内容等。这可以增加用户停留时间和页面浏览量，提高搜索引擎对网站的评价
9	定期监测和优化	使用工具如Google Analytics等来监测关键指标，如流量、跳出率等。根据数据结果进行优化和改进，以提高搜索引擎排名和流量转化率

三、开展内容营销活动

通过开展内容营销活动，宠物店可以提高品牌知名度，吸引潜在顾客，建立与潜在顾客的密切关系。确保内容有价值、有趣，与目标受众的需求相匹配，以提高内容营销活动的效果和投资回报率。开展内容营销活动的策略如表9-6所示。

表9-6 开展内容营销活动的策略

序号	营销策略	具体说明
1	创建资讯栏目	创建一个与宠物相关的资讯栏目，分享有用的养宠技巧、宠物健康知识、宠物训练建议等。确保栏目文章有深度、有趣，与目标受众的需求相匹配
2	制作视频教程	制作与宠物相关的视频教程，包括如何给宠物洗澡、如何给宠物剪趾甲等。通过视频展示实际操作和技巧，吸引潜在顾客
3	创建购物指南	创建购物指南，介绍不同种类的宠物食品、用品等。提供产品比较和评价、购买建议，帮助顾客做出明智的购买决策
4	分享宠物故事	分享宠物故事，如顾客与宠物之间的感人故事或宠物趣事。这可以引发潜在顾客的情感共鸣，吸引潜在顾客并提高品牌认知度
5	社交媒体分享内容	在宠物店的社交媒体账号上分享有趣、有用的与宠物相关的内容。可以是图片、视频、小贴士等，与粉丝互动并鼓励分享和评论
6	分享顾客评价	分享顾客对宠物店的正面评价。这可以提升信任度和口碑，吸引更多潜在顾客选择你的宠物店
7	提供资源下载	提供一些免费的与宠物相关的资源下载，如宠物健康检查表、宠物训练计划等。这可以增加网站价值，吸引潜在顾客留下联系信息
8	定期发送邮件	建立一个电子邮件订阅列表，定期发送有用的与宠物相关的信息给订阅者，内容可以包括最新优惠、新产品推荐、宠物养护建议等
9	建立合作伙伴关系	与宠物博主、宠物社交媒体账号和其他相关行业的网站合作，共同创建和分享有价值的内容。互相推荐和合作，增加和扩大品牌曝光度和受众群体
10	数据分析和优化	定期分析内容营销活动的数据，如网站流量、社交媒体互动情况等。根据数据结果进行优化和改进，提高内容的吸引力和转化率

四、线上广告投放

线上广告投放是宠物店线上推广的重要一环，可以帮助宠物店提高品牌知名度，吸引更多潜在顾客。线上广告投放方式如表9-7所示。

表9-7　线上广告投放方式

序号	投放方式	具体说明
1	搜索引擎广告	使用搜索引擎广告平台，如百度、谷歌等，在搜索结果页面上展示宠物店的广告。可以选择关键词和地理位置定位，以吸引有意向的潜在顾客
2	社交媒体广告	在社交媒体平台（如微博、微信公众号等）上投放广告。根据目标受众的特征和兴趣定位，展示宠物店的广告，吸引潜在顾客点击和互动
3	网幅广告	通过媒体购买等形式，在相关网站上展示宠物店的广告。可以选择与宠物相关的网站或博客，以增加店铺的曝光度
4	视频广告	在视频平台（如抖音、快手等）上投放视频广告。制作有趣、有用的视频内容，将其作为前置、中置和后置广告展示给目标受众
5	插入原生广告	与相关网站或博客、论坛合作，在其发布的内容中插入宠物店的广告。确保广告与内容相匹配并提供有价值的信息，以提升用户点击率和转化率
6	电子邮件广告	通过电子邮件营销，向订阅者发送宠物店的促销信息、新产品推荐等。确保邮件内容有吸引力、个性化，遵守相关的电子邮件营销法规

> **温馨提示**
>
> 在进行线上广告投放时，宠物店需要明确目标受众、拟定合适的预算，选择合适的广告平台和形式。同时，确保广告内容有吸引力、与目标受众需求相匹配并与其他线上推广活动相协调，以提高广告投放效果和整体推广效果。

第五节
微信推广，实现精准营销

微信不存在距离的限制。用户注册微信后，可与周围同样注册的"朋友"形成一种联系，关注自己所需的信息。商家通过提供用户需要的信息，推广自己的产品，从而实现点对点的营销。

一、微信推广的原则

店主在利用微信推广时，要遵循如图9-6所示的原则。

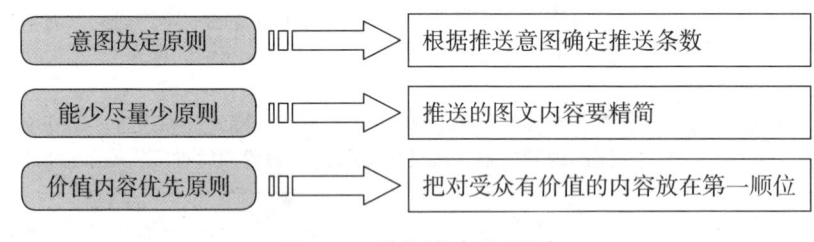

原则	说明
意图决定原则	根据推送意图确定推送条数
能少尽量少原则	推送的图文内容要精简
价值内容优先原则	把对受众有价值的内容放在第一顺位

图9-6　微信推广的原则

二、微信推广的步骤

通过微信扫一扫宠物店二维码即可关注店铺，完成订购、付款等购买的完整程序。这对于宠物店来说，非常方便快捷。那么，宠物店该如何做好微信推广工作呢？可参考如图9-7所示的步骤。

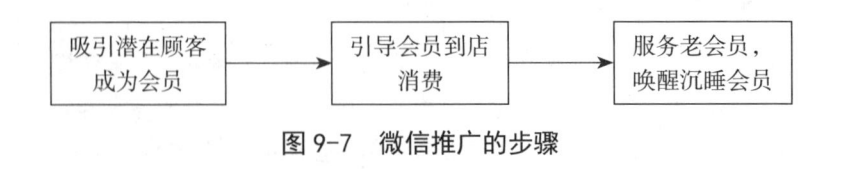

吸引潜在顾客成为会员 → 引导会员到店消费 → 服务老会员，唤醒沉睡会员

图9-7　微信推广的步骤

1. 吸引潜在顾客成为会员

吸引潜在顾客成为会员的方式如表9-8所示。

表9-8　吸引潜在顾客成为会员的方式

序号	方式	具体说明
1	全员营销	宠物店可以要求所有员工申请微信号，让员工在闲暇时间通过微信寻找附近的人并加好友（附近的人都是潜在顾客），通过聊天将宠物店的微信会员卡转发给他。他领取了会员卡就可以看到店铺的各种折扣，以及通过抽奖来获取更大优惠等信息，于是就会来店里消费。为了调动所有员工的积极性，可以设置相应的员工目标奖励
2	店内投放二维码	宠物店门口或收银台处放置醒目的二维码展架，顾客进店或结账时，员工向顾客介绍扫二维码抽奖活动及优惠情况；店外窗户或墙壁上粘贴印有二维码的大海报，以吸引过往人群来扫二维码，从而发展新会员。注意：员工一定要主动向顾客推荐扫二维码，只要抓住顾客信息，进行抽奖、优惠券等互动营销，就可引导顾客到店消费并成为会员
3	网站悬挂二维码	针对网上订购宠物产品的顾客，可以在网店悬挂二维码，扫码顾客可享受一定的优惠折扣，以此来吸引用户关注并成为会员
4	在包装袋或购物袋上附二维码	在包装袋或购物袋上附二维码，鼓励用户扫码成为会员，成为会员后和商家核对个人信息可享受抵用券等优惠

2. 引导会员到店消费

持有微信会员卡的会员消费可享受一定的折扣或优惠，可以鼓励其分享朋友圈以发展新会员。在结账登记消费记录时，提醒会员完善会员资料，根据这些资料宠物店可做一套会员关怀系统，定期发送关怀信息和优惠内容，刺激会员不断地到店消费。

同时，对会员启用积分系统，会员积分达到一定程度可兑换部分商品或获得奖励，吸引会员多次在本店消费。

3. 服务老会员，唤醒沉睡会员

发展一个新会员的成本是维护一个老会员成本的9倍。调查显示，49天没有来店消费的会员可视为沉睡会员，面临失去的危险，必须采取一定的手段来唤醒。宠物店可针对这部分沉睡会员给予老会员购物返利等优惠，刺激其消费欲望。

三、微信推广的定位

宠物店开展微信推广的目的是希望通过微信平台实现顾客对自己店铺的认可，

与顾客建立联系并促进其重复购买，最终创造更多的价值。微信推广应从内容入手，在做好定位的同时，选择好营销目标，确定好目标人群。

四、微信推广的内容

微信推广的内容可以聚焦于宠物产品的精心选购指南、实用的宠物美容知识与技巧等，通过鼓励用户讲述自己与宠物的独特故事，让每一位读者都能感受到那种暖心、友善且真实的陪伴。这样的内容不仅高效传递了信息，还搭建起了一个温馨、有爱的交流平台，让宠物店与用户之间的距离无限拉近。

微信推广的内容通常是每两三天发送一次，包括有关目标人群喜好、需要的实用信息，平常可以开展一些有奖问答、趣味竞猜等活动。

> **温馨提示**
>
> 微信推广的内容一定要短小精悍、实用，有创意性和趣味性。同时，发信息的频率不能太高，以免接收者厌烦，且发送次数少也能节约时间成本。

五、及时与用户互动

宠物店在开展微信推广的时候，要准确恰当地回答用户的提问。微信商城可以自动智能答复，因此商家可以在系统设置回复内容，当用户首次关注你的商城时，可自动发送此消息给用户。还可设置关键词回复，当用户回复指定关键词的时候，系统将自动回复设置好的内容，让用户第一时间收到想要的消息，增强你与用户交流的趣味性。

相关链接

宠物店微信推广的技巧

1. 多多强化品牌

品牌是你和用户连接的一个关键纽带，也是你最大的无形资产。因此，在每一次推广的过程中，应以一种比较恰当的方式带出品牌名字和符号。在一次一次的重复中，用户才会对你的品牌产生深刻印象。在真正需要的时候用户才会主动找上门。

2. 做用户的朋友，态度不卑不亢

在营销推广的时候态度一定要不卑不亢。什么叫不卑不亢？就是：我的品牌是受大家欢迎的，我也是合法经营的，你到我的店消费，我肯定会服务好你；如果你不想买，我也不会无休止地向你推荐，或者降价委曲求全。一个真正能够做大的品牌，基本有这样一种不卑不亢的基因。

3. 注意发朋友圈的频率

切忌高频发朋友圈。要知道，微信朋友圈的屏蔽功能是很强大的。一次两次不理智的行为，就可能会让关注的人立减。另外，同样的产品请不要一次又一次地发布，用户是有印象的。如果不得已要发，也一定要在文案上做些变动，传达一些新的信息。不要给用户留下无病呻吟、天天重复发朋友圈的印象。

将精力花在文案上，一条优质朋友圈远比七条劣质朋友圈更有效。节日期间可以增加频率到一天一次，但是也请注意保证质量。

4. 内容尽量多元化

朋友圈发的内容要多元化一些，不要一味地宣传产品。在网上搜集一些有关闲适生活、品位生活的照片和文字，打上自己品牌的水印，发出来与大家分享；写写自己开宠物店的苦与乐、遇到的有意思的顾客和小故事。

5. 购买一套专业的摄影装备，提升图片质量

店主可以投资购买一套专业的摄影装备，把产品照片拍得上档次一些，让看的人更容易动心，购买的人自然也就多了。这也是最划算的投资。

6. 发的文章一定要有刺激人转发的点

对于有微信公众号的宠物店，除了要考虑粉丝的阅读感受之外，还需要考虑的是如何刺激粉丝转发文章，以获取更多的阅读量和新粉丝。在这一点上，新手常犯的一个错误就是认为文章写得好就能被转发。请一定要站到粉丝的角度上来思考这个问题：粉丝转发这篇文章的原动力是什么？其实很多人分享文章都是希望可以借这篇文章向自己的朋友表明立场、表明品位。所以，在发文章的时候，记得将这一点考虑在内，一定要保证自己的文章被转发以后不会掉

档次。如果能做到这点，利用微信公众号推广的效果就会得到有效的提高。除此之外，给用户一些甜头，搞一些转发有奖的活动也是有效的，但是建议不要经常使用，这种"大招"最好留到节日期间。

第六节
短视频+直播，创新营销方式

随着社交媒体的快速发展，短视频和直播已经成了一种热门的流量增长手段。宠物店可以通过整合短视频和直播的营销方式，充分发挥两者的优势，提升品牌曝光度，吸引潜在顾客并促进产品和服务的销售。

一、短视频营销的步骤

宠物店通过短视频营销可以有效提升品牌知名度，吸引更多潜在顾客并促进产品和服务的销售。一般来说，短视频营销的步骤如图9-8所示。

明确营销目标与定位 → 内容策划与制作 → 互动与推广
↓   ↓   ↓
选择合适的短视频平台 → 优化视频内容 → 数据分析与调整

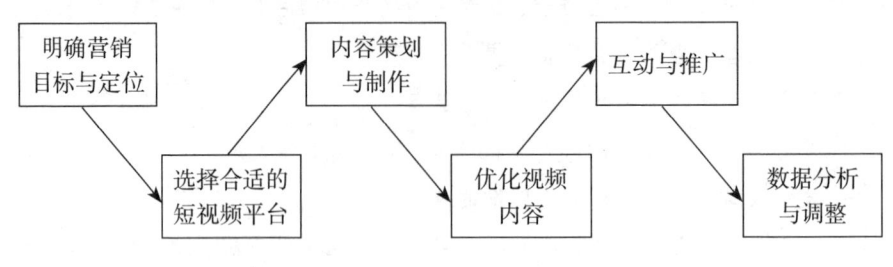

图9-8 短视频营销的步骤

1. 明确营销目标与定位

（1）确定营销目标。营销目标可以是增加品牌曝光度、提升销售量，还可以是加强与顾客的互动等。

（2）分析目标受众。深入了解并分析目标受众的消费习惯、兴趣爱好以及他们在短视频平台上的行为特点。

2. 选择合适的短视频平台

根据目标受众的特点,选择一个或多个主流的短视频平台,如抖音、快手和微信视频号等。这些平台拥有庞大的用户基础和高活跃度,非常适合进行短视频营销。

3. 内容策划与制作

(1)故事情节营销:创作有趣、有情感的与宠物相关的故事情节,通过引人入胜的叙述来展示宠物产品的特点和优势。

(2)借助影响力:邀请知名宠物主人或明星进行代言,利用他们的影响力来吸引粉丝关注并提升品牌认可度。

(3)与达人合作:寻找在宠物行业有影响力的达人,如宠物训练师、宠物美容师和社交媒体上的宠物博主,让他们为宠物店制作短视频,以此来扩大品牌影响力。

(4)用户生成内容(UGC):鼓励顾客制作并分享关于自己宠物的有趣短视频,同时设置相关活动和奖励机制来激发顾客的参与热情。

4. 优化视频内容

(1)实用与趣味相结合:确保视频内容既对观众有用又富有娱乐性,例如分享宠物训练技巧、展示宠物的日常生活。

(2)提升视频质量:注重视频的拍摄和剪辑质量,以提供更佳的观赏体验。

(3)巧用标签和关键词:合理添加热门标签和关键词,增加视频被搜索和被发现的机会。

5. 互动与推广

(1)积极互动:及时回复观众的评论和私信,与他们建立良好的互动关系。

(2)利用平台功能:通过直播、挑战赛等短视频平台的特色功能,增加与观众的互动机会。

(3)合作推广:与其他宠物相关的账号或品牌进行合作推广,共同扩大影响力。

6. 数据分析与调整

定期分析短视频的数据表现,如观看量、点赞量、分享次数等。根据这些数据反馈调整内容策略,以更好地吸引和留住观众。

二、短视频营销的策略

宠物店开展短视频营销的策略主要包括如图9-9所示的几个方面。

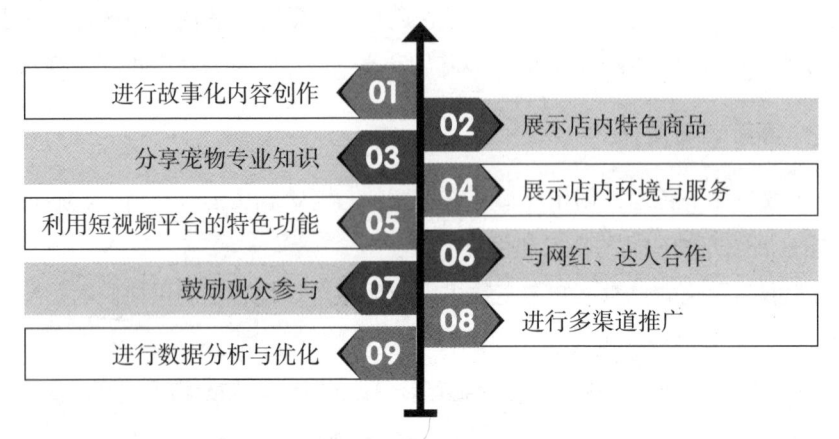

图 9-9 短视频营销的策略

1. 进行故事化内容创作

利用短视频讲述与宠物和宠物店相关的温馨、有趣以及有教育性的小故事。这种方式能够吸引观众的注意力，使其产生共鸣，提升品牌形象。

2. 展示店内特色商品

展示宠物店内的特色商品，如宠物食品、宠物玩具、宠物护理用品等，详细介绍其功能和优势。通过短视频的直观展示，帮助观众更好地了解商品。

3. 分享宠物专业知识

制作系列短视频，分享宠物护理、训练、健康等方面的专业知识。这不仅能吸引宠物主人的关注，还能树立宠物店的专业形象。

4. 展示店内环境与服务

通过短视频展示宠物店内的环境、服务流程以及员工与宠物的互动场景，让观众感受到宠物店的温馨氛围和专业服务。

5. 利用短视频平台的特色功能

利用短视频平台的直播、滤镜、特效等功能，增加视频的趣味性和互动性。例如可以制作带有宠物特效的趣味视频。

6. 与网红、达人合作

邀请宠物行业的网红、达人到店内体验并制作短视频。他们的推荐和评价能够带来大量的关注，提升店铺信誉度。

7. 鼓励观众参与

举办话题挑战、问答互动以及宠物才艺展示等活动，鼓励观众参与并分享自己的短视频。这种方式不仅能够增加品牌曝光度，还能加强与观众的互动。

8. 进行多渠道推广

除了在短视频平台上发布内容外，还可以利用其他社交媒体、官方网站以及线下渠道进行推广，形成多渠道、全方位的营销网络。

9. 进行数据分析与优化

定期分析短视频的观看量、点赞量、评论次数和分享次数等数据，了解观众的喜好和行为习惯。根据数据反馈调整内容策略，以更好地满足观众需求。

> **温馨提示**
>
> 宠物店开展短视频营销的策略多种多样，关键在于结合宠物店自身的特点和目标受众的需求，选择合适的内容、形式和推广方式。通过不断创新和优化短视频内容，宠物店可以有效提升品牌知名度并促进产品和服务的销售。

相关链接

如何制作有趣的短视频

1. 选择吸引人的话题

（1）确定你的短视频要传达的信息，确保它是有趣且能够引起观众兴趣的。

（2）了解你的目标受众，选择与他们相关或他们可能感兴趣的话题。

2. 创意策划

（1）在短视频制作前进行充分的策划，构思一个有趣、新颖的故事线或概念。

（2）尝试添加幽默元素、惊喜和反转，以增加短视频的吸引力。

3. 高质量的拍摄和制作

（1）使用高质量的摄影设备来拍摄短视频。

（2）确保画面稳定、清晰，注意光线和构图。

（3）在剪辑过程中，合理运用音效、配乐和字幕来增强短视频的趣味性。

4. 添加个性和风格

（1）让你的短视频具有独特的风格和个性，这样更容易吸引观众。

（2）可以尝试不同的拍摄手法、角度和视觉效果。

5. 快节奏和紧凑的剪辑

（1）保持短视频的节奏快而紧凑，避免冗长和无聊。

（2）使用快速的剪辑技巧，如跳剪、快速切换等，增加短视频的动感。

6. 利用音乐和音效

（1）选择与短视频内容相匹配的音乐和音效，增强短视频的氛围感和感染力。

（2）有时候，一段搞笑或激昂的音乐就能让整个短视频变得更加有趣。

7. 加入互动元素

如果可能的话，加入一些互动元素，如观众投票、评论互动等。这可以增强观众的参与感和归属感。

8. 简洁明了的叙述

确保你的短视频有一个清晰明了的叙述结构，避免让观众感到困惑和迷失。

9. 分享和反馈

（1）短视频发布后，积极分享到各个社交媒体平台。

（2）注意收集观众的反馈，以便在未来的短视频制作中不断改进和优化。

10. 实践和尝试

不要害怕失败，多实践和尝试不同的创意和风格。随着时间的推移，你会逐渐找到制作有趣短视频的感觉和技巧。

三、直播营销的步骤

宠物店直播营销的步骤如图9-10所示。

```
明确直播营销目标与定位
      ↓
   规划直播内容                    推广与宣传
      ↓                              ↓
  选择合适的直播平台            直播过程中的互动与转化
      ↓                              ↓
  优化直播设置与设备               数据分析与总结
```

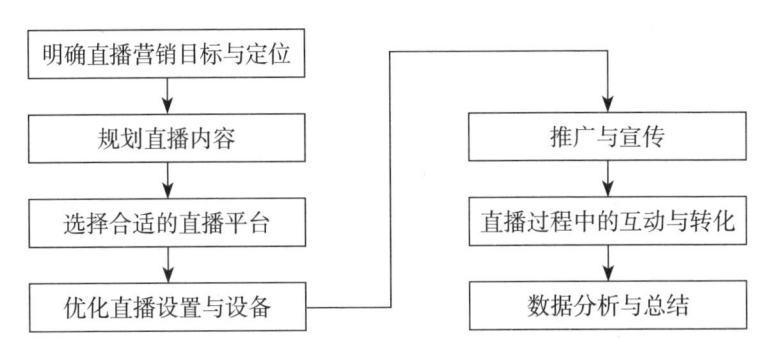

图 9-10　直播营销的步骤

1. 明确直播营销目标与定位

在开始做直播营销之前，宠物店需要明确直播营销的目标和定位。这包括确定直播的主题、内容以及希望传达给观众的信息。通过明确的目标和定位，宠物店可以更有针对性地吸引目标顾客群体。

2. 规划直播内容

直播的内容是吸引观众的关键。宠物店可以选择如图9-11所示的几类内容进行直播。

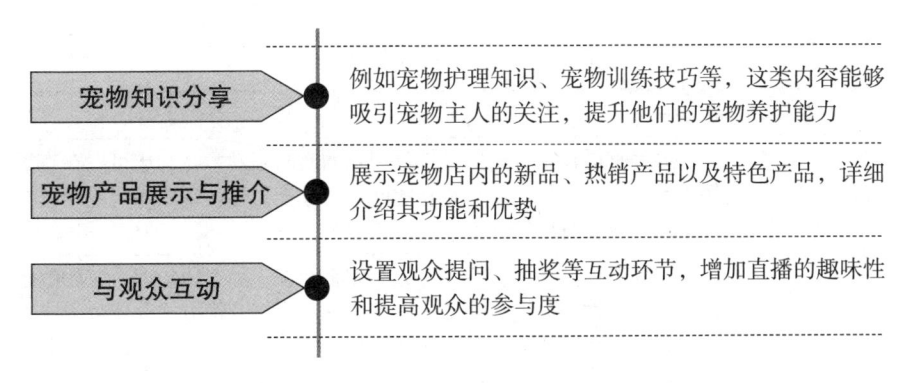

- **宠物知识分享**：例如宠物护理知识、宠物训练技巧等，这类内容能够吸引宠物主人的关注，提升他们的宠物养护能力
- **宠物产品展示与推介**：展示宠物店内的新品、热销产品以及特色产品，详细介绍其功能和优势
- **与观众互动**：设置观众提问、抽奖等互动环节，增加直播的趣味性和提高观众的参与度

图 9-11　直播内容的类型

3. 选择合适的直播平台

选择一个或多个合适的直播平台进行直播，如抖音、快手等。这些平台具有广

泛的用户基础和高活跃度，有助于宠物店增加品牌曝光度并吸引潜在顾客。

4. 优化直播设置与设备

确保直播间的布置整洁、美观，使用高质量的直播设备，以提供良好的观看体验。同时，测试网络连接，确保直播过程中不会出现卡顿和断线的情况。

5. 推广与宣传

在直播开始前，通过社交媒体、官方网站等渠道进行宣传，吸引更多的观众观看直播。可以在宣传中突出直播的亮点和特色，激发观众的兴趣。

6. 直播过程中的互动与转化

在直播过程中，积极与观众互动，回答他们的问题，引导他们购买。可以通过设置优惠券、限时折扣等促销手段来刺激观众的购买欲望。

7. 数据分析与总结

直播结束后，对直播的数据如观看人数、观众反馈、销售额等进行分析。通过这些数据，宠物店可以了解直播的效果并针对不足之处进行改进。

四、直播营销的方式

宠物店可以尝试的直播营销方式如表9-9所示。

表9-9　直播营销的方式

序号	直播营销方式	具体说明
1	日常互动式直播	这种直播营销方式侧重于与观众的实时互动。宠物店可以在直播中展示宠物商品，回答观众的问题，甚至可以让观众参与投票选择直播内容或商品
2	知识分享型直播	宠物店可以利用直播平台分享宠物知识，如宠物护理、宠物健康饮食、宠物行为训练等专业知识。这种直播营销方式既能吸引宠物主人，又能提升宠物店的专业形象
3	新品推介直播	当宠物店有新品上架时，可以通过直播进行推介。这种直播营销方式可以充分展示新品的特点、用途以及优惠价格等信息，以增强观众的购买欲望
4	探厂型直播	这种直播营销方式可让观众看到宠物商品的生产过程，从原材料到成品包装的每一环节都透明化，提高观众对商品的信任度和购买意愿

续表

序号	直播营销方式	具体说明
5	活动专题直播	宠物店可以结合节日、纪念日以及特定主题活动如宠物万圣节变装秀、宠物运动会等进行直播，增强直播的趣味性和吸引力
6	合作联动直播	与其他宠物品牌、宠物医院以及知名宠物博主进行合作直播，通过跨界合作扩大宠物店的影响力，吸引更多观众关注
7	问答式直播	宠物店可以设置问答环节，在直播中回答观众提出的关于宠物养护、宠物商品选购等问题，加强与观众的互动

温馨提示

宠物店应根据自身的特点和资源，以及目标受众的需求和喜好来选择直播营销方式。同时，不同的直播营销方式也可以相互结合，创造出更多元化、有趣的直播内容。

第七节 花样促销，轻松引爆客流

促销就是宠物店通过运用一些特殊方法来促进宠物及相关产品销售的一种营销手段。通过一系列的促销活动，宠物店可以吸引更多顾客、提升店铺的知名度和增加销售额。

一、折扣促销

折扣促销是宠物店常用的促销策略之一，可以吸引顾客前来购买，增加店铺的销售额。

1. 折扣促销的方式

宠物店常用的折扣促销方式如表9-10所示。

表 9-10 折扣促销的方式

序号	促销方式	具体说明
1	打折销售	对产品或服务进行打折销售，如全场八折、特定品牌产品五折等。这可以吸引顾客购买，增加店铺的销售额
2	满减优惠	设定一定的满减优惠金额，如满200元减50元。这可以鼓励顾客购买更多产品或服务，以达到满减条件
3	限时折扣	设定特定时间段内的折扣优惠，如每周末全场七折、节假日特别优惠价等。这可以制造紧迫感，促使顾客尽快购买
4	会员专享折扣	为会员提供额外的折扣优惠，如会员八折、会员专属活动等。这可以提高会员的忠诚度，促使他们选择在本店铺购买
5	老顾客折扣	为老顾客提供特别的折扣优惠，感谢他们的长期支持。这可以提高老顾客的满意度，促使他们继续选择在本店铺购买
6	清仓折扣	对滞销或过季产品进行折扣销售，以清理库存。这可以吸引顾客购买特价产品，以释放资金用于新品采购
7	联合促销	与相关行业进行合作促销，如与宠物美容院、宠物医院等合作推出联合折扣活动。这可以互相推荐顾客，增加店铺的曝光度和销售机会
8	生日特别折扣	在顾客生日当月，为顾客提供生日特别折扣，这可以提高顾客的满意度和忠诚度，促使他们进店消费

2. 折扣促销的注意事项

在进行折扣促销时，宠物店需要注意以下几点：

（1）确定折扣幅度和期限，确保促销活动的可行性和可持续性。

（2）清晰地传达促销信息，包括折扣幅度、适用产品或服务、折扣期限等。

（3）确保库存充足，以满足顾客的需求，避免因折扣促销而导致供应短缺。

（4）定期评估和调整折扣策略，根据顾客反馈和市场需求进行改进，以提高促销活动的效果和效益。

二、买赠活动

买赠活动是宠物店常用的促销策略之一，可以吸引顾客前来购买，增加店铺的销售额。

1. 买赠活动的方式

宠物店常用的买赠活动方式如表9-11所示。

表9-11 买赠活动的方式

序号	活动方式	具体说明
1	赠品附加	购买指定产品或服务，赠送相关的附加品。比如，购买宠物食品赠送宠物玩具、购买宠物用品赠送宠物零食等。这可以增强顾客购买的动力，提高客单价
2	优惠券赠送	购买指定产品或服务，赠送优惠券。比如，购买一定金额的宠物用品，赠送抵扣券或折扣券。这可以促使顾客再次到店消费，提高复购率
3	积分兑换	积分制度是一种常见的促销方式，在顾客每次消费时积累积分，达到一定积分后可以兑换赠品或享受折扣。这可以提高顾客的忠诚度，促使他们继续选择在本店铺购买
4	赠送样品	购买指定产品或服务，赠送相关的样品。比如，购买宠物食品赠送试吃品、购买宠物用品赠送小样等。这可以让顾客尝试新品，提高他们对本店铺的信任度和满意度
5	联合促销	与相关行业进行合作促销，如与宠物美容院、宠物医院等合作推出联合买赠活动。例如，购买美容服务赠送护理用品、购买兽医服务赠送保健产品等。这可以互相推荐顾客，增加本店铺的曝光度和销售机会
6	礼品卡赠送	购买指定金额的礼品卡，额外赠送一定金额的礼品卡。比如，购买金额为100元的礼品卡，额外赠送金额为10元的礼品卡。这可以吸引顾客购买礼品卡，增加本店铺的销售额

2. 买赠活动的注意事项

在进行买赠活动时，宠物店需要注意以下几点：

（1）清晰地传达买赠活动的规则和条件等信息，包括购买金额、赠品种类、买赠期限等。

（2）确保赠品的质量和适用性，以满足顾客的需求，提高他们的满意度。

（3）控制成本和库存，确保能够承担买赠活动带来的额外成本，避免库存不足而导致无法兑现承诺。

（4）定期评估和调整买赠策略，根据顾客反馈和市场需求进行改进，以提高买赠活动的效果和效益。

三、限时特价

限时特价是宠物店常用的促销策略之一，可以制造紧迫感，促使顾客尽快购买，增加店铺的销售额。

1. 限时特价的方式

宠物店常用的限时特价方式如表9-12所示。

表9-12　限时特价的方式

序号	促销方式	具体说明
1	每日特价	每天设定不同的产品或服务特价优惠，如每周一狗粮特价、每周二猫砂特价等。这可以吸引顾客每天关注店铺，增加销售额
2	闪购活动	设定特定时间段内的限时折扣，例如每天下午2点到4点有折扣优惠。这可以制造紧迫感，促使顾客尽快购买
3	节假日特别优惠	在节假日如圣诞节、春节等期间，推出限时特价活动。这可以吸引顾客在节假日期间选择在本店铺购买，增加销售额
4	促销倒计时	设定一个时间限制，在倒计时结束前享受折扣优惠。例如，在24小时内享受折扣优惠，倒计时结束后恢复原价。这可以激发顾客的紧迫感和购买欲望
5	限量特价	推出限量特价产品或服务，例如限量50份的特价宠物美容服务。这可以吸引顾客尽快购买，抢抓特价机会
6	会员专享限时特价	为会员提供独家的限时特价优惠，如会员生日专属折扣、会员预订购买专属折扣等。这可以提高会员的忠诚度，促使他们选择在本店铺购买

2. 限时特价的注意事项

在进行限时特价活动时，宠物店需要注意以下几点：

（1）清晰地传达活动的时间限制和折扣幅度等信息，以便顾客准确了解活动情况。

（2）确保库存充足，以满足顾客的需求，避免做限时特价活动而导致供应短缺。

（3）定期评估和调整限时特价策略，根据顾客反馈和市场需求进行改进，以提高促销活动的效果和效益。

（4）在进行宣传活动时，使用各种渠道，如店内海报、社交媒体、电子邮件等，以确保活动信息广泛传播，吸引更多顾客参与。

四、新品推广

新品推广是宠物店常用的促销策略之一，可以吸引顾客关注并购买，增加店铺的销售额。

1. 新品推广的方式

宠物店常用的新品推广的方式如表9-13所示。

表9-13 新品推广的方式

序号	推广方式	具体说明
1	产品展示	在店内设置专门的展示区域，展示新品，提供详细的产品介绍和说明。这可以吸引顾客的目光，激发他们对新品的兴趣
2	试用体验	提供免费或折扣价的试用装或样品，让顾客能够亲自体验新品。这种方式不仅能让顾客更深入地了解产品的特点和效果，还能有效增强他们购买该产品的意愿
3	社交媒体宣传	通过社交媒体平台发布新品宣传信息，包括产品介绍、特点、使用方法等。这可以吸引更多潜在顾客关注本店铺，增加线上线下的销售额
4	推出促销活动	针对新品推出促销活动，如折扣优惠、买赠活动等。这可以吸引顾客购买新品，增加本店铺的销售额
5	推出专题活动	针对新品推出专题活动，如举办产品发布会、举办讲座和培训等。这可以增加新品的曝光度，吸引潜在顾客的关注
6	顾客评价分享	鼓励购买新品的顾客分享他们的使用体验和评价，可以通过店内展示、社交媒体等渠道进行宣传。这可以提升顾客对新品的口碑和信任度，吸引更多顾客购买
7	与宠物社区等合作	与宠物社区、论坛和博客等合作，进行新品推广。可以提供产品样品供合作平台试用和评测，在合作平台上发布相关推荐和介绍。这可以提升新品的影响力和曝光度
8	推出门店活动	在店内举办相关活动，如产品演示、专家讲座、互动游戏等，吸引顾客前来参与并了解新品。这可以增加店铺的流量和销售机会
9	顾客关怀	针对老顾客或忠诚会员，提供独家优惠或优先购买权，让他们成为新品推广的先行者。这可以提高顾客的满意度，促使他们继续选择在本店铺购买
10	借用宣传材料	制作有详细产品信息的海报、传单、宣传册等宣传材料，放置在店内和周边区域，吸引顾客的目光。这可以提升新品的曝光度和顾客对新品的了解程度

2. 新品推广的注意事项

在进行新品推广时，宠物店需要注意以下几点：

（1）确定目标受众和推广渠道，选择合适的方式进行宣传和推广。

（2）提供详细的产品信息，让顾客了解产品特点、用途和优势。

（3）鼓励顾客亲自体验或试用新品，以增强他们购买该产品的意愿。

（4）定期评估推广效果，根据顾客反馈进行调整和改进，以提高推广活动的效果和效益。

案例

××宠物店新品首发周，多渠道推广

××宠物店为了丰富产品线，满足宠物爱好者们日益增长的需求，近期引进了一系列新颖的宠物用品和食品。为了推广这些新品，该店决定举办一场名为"萌宠新品尝鲜季"的活动。

1. 活动内容

（1）新品展示：在店铺的显眼位置设置新品展示区，将新引进的宠物用品和食品进行精美陈列，吸引顾客的目光。同时，店员会主动向顾客介绍新品的特性、功能和使用方法。

（2）试用体验：为了让顾客更直观地了解新品的优点，店铺提供了试用体验服务。顾客可以在店内试用新品，如试用新款宠物玩具、让宠物品尝新口味宠物食品等。通过实际体验，顾客可以更加放心地购买。

（3）限时优惠：在活动期间，购买新品的顾客可以享受限时优惠价格。此外，购买满一定金额的顾客还可以获得额外的赠品或折扣。

（4）社交媒体互动：通过微信、微博等社交媒体平台发布新品信息和活动详情，吸引线上顾客关注和参与。同时，鼓励顾客在社交媒体上分享自己的新品使用心得和宠物照片，增加活动曝光度。

2. 活动宣传

（1）店内宣传：在店铺显眼位置张贴活动海报，放置活动展板，让顾客一进店就能了解到活动信息。

（2）社交媒体宣传：通过微信、微博等社交媒体平台发布新品信息和活动详情，吸引线上顾客关注和参与。同时，与宠物相关的博主合作，邀请他们试用新品并分享心得，提高活动影响力。

（3）会员通知：向已经注册成为××宠物店会员的顾客发送活动通知短信或邮件，提醒他们参与活动。

3. 活动效果

（1）新品销量显著增长：通过活动宣传和实际体验，新品迅速吸引了大量顾客关注和购买。活动期间，新品销量较平时增长了近20%。

（2）顾客满意度提升：通过提供试用体验和限时优惠等福利，顾客更加了解和信任新品。同时，优质的商品和服务也提高了顾客满意度。

（3）品牌影响力增强：通过社交媒体宣传和顾客分享，活动信息迅速传播开来，吸引了更多潜在顾客关注××宠物店品牌。同时，新品的推出也进一步丰富了宠物店的产品线，提高了宠物店的品牌影响力。

4. 总结

本次"萌宠新品尝鲜季"活动取得了圆满成功。通过新品展示、试用体验、限时优惠和社交媒体互动的方式推广新品，不仅提高了新品的销量和顾客满意度，还增强了宠物店的品牌影响力。

五、节日促销

宠物店可以通过节日促销吸引顾客，增加销售额，提高店铺知名度。

1. 节日促销的方式

宠物店常用的节日促销的方式如表9-14所示。

表9-14 节日促销的方式

序号	促销方式	具体说明
1	节日特别优惠	在重要的节日如春节、中秋节等期间，提供特别优惠的价格。例如，购买宠物用品或服务时获得折扣或赠品
2	节日礼品套餐	为顾客提供特别定制的节日礼品套餐，包括宠物用品、宠物美容服务、宠物训练课程等。这可以方便顾客购买礼物，提供更具吸引力的价格

续表

序号	促销方式	具体说明
3	节日装饰和主题活动	在店内进行节日装饰并组织相关主题活动，如宠物服装秀、宠物摄影等。这可以为顾客创造一个欢乐的购物环境，增加他们对本店铺的兴趣
4	节日主题竞赛	组织宠物节日主题的竞赛活动，如最佳宠物装扮、最可爱宠物照片比赛等。这可以提高顾客参与度和互动性，增加本店铺的曝光度
5	节日捐赠活动	在节日期间，与当地的动物保护组织或慈善机构合作，进行宠物食品、用品和资金的捐赠活动。这不仅可以帮助有需要的宠物，还可以增强和提升本店铺的社会责任感和形象
6	节日限时特价	在特定时间段内提供限时特价优惠，例如每天的特定时间段或节日期间。这可以激发顾客的紧迫感和购买欲望
7	节日礼券	为顾客提供节日礼券，让他们在节日期间享受更多折扣和福利。这可以提高顾客对本店铺的忠诚度，促使他们多次到店消费

2. 节日促销的注意事项

在进行节日促销时，宠物店需要注意以下几点：

（1）确定促销目标和预算，确保促销活动的可行性和效果。

（2）提前规划和准备，包括节日装饰、促销物料、礼品套餐等。

（3）在进行节日促销时，可以利用社交媒体、电子邮件等渠道进行宣传，并提供在线购买或预约服务的方式。

（4）积极回应顾客对节日促销活动的反馈和意见，根据顾客需求进行调整和改进，提高顾客满意度和忠诚度。

（5）在促销活动结束后进行总结和评估，了解促销活动的效果并根据顾客的反馈进行调整和改进。

六、合作促销

合作促销是宠物店常用的促销策略之一，可以与相关行业合作，共同推出促销活动，互相推荐顾客，增加店铺的曝光度和销售机会。

1. 合作促销的方式

宠物店常用的合作促销方式如表9-15所示。

表 9-15 合作促销的方式

序号	促销方式	具体说明
1	与宠物美容院合作	与宠物美容院合作，推出联合促销活动。例如，购买美容服务赠送护理用品、购买护理用品赠送美容服务等。这可以互相推荐顾客，增加本店铺的曝光度和销售机会
2	与宠物医院合作	与宠物医院合作，推出联合促销活动。例如，购买兽医服务赠送保健产品、购买保健产品赠送兽医服务等。这可以互相推荐顾客，增加本店铺的曝光度和销售机会
3	与宠物训练机构合作	与宠物训练机构合作，推出联合促销活动。例如，购买训练课程赠送训练用具、购买训练用具赠送训练课程等。这可以互相推荐顾客，增加本店铺的曝光度和销售机会
4	与宠物摄影机构合作	与宠物摄影机构合作，推出联合促销活动。例如，购买摄影服务赠送相框或相册、购买相框或相册赠送摄影服务等。这可以互相推荐顾客，增加本店铺的曝光度和销售机会
5	与宠物旅馆合作	与宠物旅馆合作，推出联合促销活动。例如，购买宠物旅馆服务赠送宠物用品、购买宠物用品赠送宠物旅馆服务等。这可以互相推荐顾客，增加本店铺的曝光度和销售机会
6	与宠物展览活动主办方合作	与宠物展览活动主办方合作，共同举办促销活动。例如，在宠物展览上设立店铺展位，提供特别优惠。这可以吸引更多潜在顾客关注本店铺，增加线上线下的销售额
7	与社交媒体合作	与相关行业的社交媒体账号合作，互相推广和宣传。例如，在对方账号上发布店铺促销信息，提供特别优惠给对方账号的粉丝。这可以增加和扩大本店铺的曝光度和影响力，吸引更多顾客购买
8	与宠物品牌合作	与宠物食品品牌、宠物用品品牌等品牌合作，推出联合促销活动。例如，购买指定品牌的宠物食品赠送相关用品、购买指定品牌的宠物用品赠送相关食品等。这可以互相推荐顾客，增加本店铺的曝光度和销售机会

2. 合作促销的注意事项

在进行合作促销时，宠物店需要注意以下几点：

（1）确定合作伙伴，选择与自己店铺定位和目标受众相符的行业进行合作。

（2）确定促销活动的规则和条件，包括购买金额、赠送的产品或服务等。

（3）充分沟通和协商，确保双方都能获得合理的利益，共同推动推广活动顺利进行。

（4）确定合作促销的时间和地点，确保双方都能在合适的时间和地点进行宣传和销售。

（5）制定明确的合作协议，包括促销活动的具体内容、责任分工、利益分配等，确保双方都清楚各自的责任和权益。

（6）共同制定宣传计划，包括宣传渠道、宣传材料的制作和分发等，确保促销活动得到足够多的曝光。

（7）提供专业培训或指导，确保合作伙伴了解自己店铺的产品和服务，能够有效地向顾客推荐。

（8）定期沟通和协调，及时解决可能出现的问题或困难，调整促销策略以增强效果。

（9）在促销活动结束后进行总结和评估，了解活动效果并根据顾客的反馈进行改进。同时与合作伙伴分享经验和反思，为以后的合作提供参考。

第十章
客户服务

导　言

要让自己的店铺在激烈的竞争中立于不败之地，树立和掌握全新的服务理念非常重要。店主应全面深入了解顾客需求，主动出击争取新顾客，努力留住老顾客，用优质服务提高顾客满意度，赢得忠诚顾客。

第一节
顾客到店，应该热情接待

当一位顾客来宠物店里消费时，有人热情迎接和没人接待，给他的印象是完全不一样的。因此，宠物店应热情接待顾客。

一、接待顾客的要求

宠物店的工作人员在接待顾客时应遵循下列要求。

1. 形象得体

要求工作人员有好的形象并不是非得长相漂亮，只要长相亲切、应对灵活，再配以整洁统一的着装，就容易打动顾客。

> **温馨提示**
>
> 女服务员披头散发、浓妆艳抹、指甲奇长，男服务员头发蓬松杂乱、满身油污，这样的形象容易引起顾客的不悦和反感，从而影响店铺的整体形象。

2. 礼貌待人

只要顾客踏入你的宠物店，就意味着存在潜在的销售机会。因此，应该给予他们一个热情的微笑和一句真诚的问候，这样的待客之道很可能会让这位顾客转变为你的店铺的常客。

现在很多宠物店都要求工作人员在顾客进店时问好，一句"您好，欢迎光临"并报之以微笑，无形之中就给顾客一种亲和的感觉，使顾客更愿意到店内多看看、多了解，进而达成交易。对此，工作人员应尽量做到如图10-1所示的要求。

① 面带微笑，微笑要自然、亲切

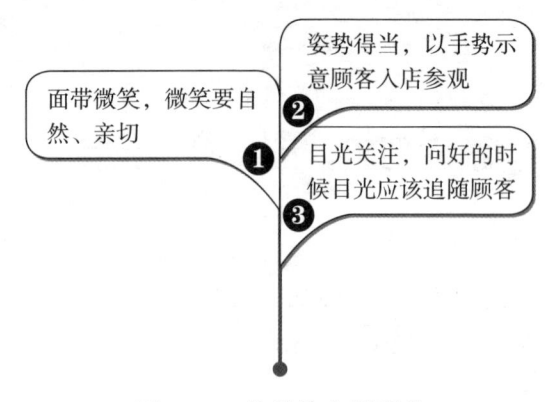

② 姿势得当，以手势示意顾客入店参观

③ 目光关注，问好的时候目光应该追随顾客

图 10-1　礼貌待人的要求

3. 态度友善

宠物店的工作人员态度要友善，虽然宠物美容护理店的服务对象是宠物，但直接面对的还是宠物主人。这就要求工作人员不但要对宠物主人亲切有礼貌，耐心回答他的各种问题，而且要善待他的"宝宝"。有的宠物主人刚刚饲养宠物，没有经验，可能要询问一些本店经营范围以外的问题，此时工作人员要热情礼貌，耐心解答，运用专业知识，给顾客留下良好的印象从而留住顾客。

反之，如果工作人员态度恶劣，顾客就有可能被吓跑。有时，刻意对"宝宝"美言几句，就能愉悦主人的心情，起到事半功倍的效果。因此，要注意对工作人员进行这方面的教导。

二、接待顾客的技巧

工作人员在接待顾客时，要善于了解顾客心理、探知顾客爱好、迎合顾客兴趣、预测顾客反应，适当应对，提供恰到好处的服务，使其轻松而来、满意而归。

1. 了解顾客心理

虽然不同顾客的身份、年龄、职业、爱好、习惯各有不同，态度、表情也因人而异，但其求新、求实、求廉、求美的心理状态是一样的。因此，工作人员要了解和掌握不同顾客的心理状态，推销其满意的商品和服务。

2. 探知顾客爱好

在接待顾客时要善于察言观色，了解顾客的性格，探知顾客的爱好。对于注重理性的顾客，谈话内容要条理井然、层次分明；对于注重情感的顾客，要讲些感性的故事；对于注重利益、讲究实惠的顾客，要介绍商品的实用性；对于犹豫不决的顾客，要帮助其消除后顾之忧，做到有的放矢。

3. 迎合顾客兴趣

有些顾客购买商品是凭兴趣出发的，而顾客的兴趣又是多种多样、不断变化的。为此，工作人员要抓住顾客兴趣，从顾客感兴趣的话题开始，推销顾客感兴趣的商品和服务。要是顾客不感兴趣，工作人员应该赶快转换话题，不要滔滔不绝地大谈顾客不感兴趣的内容，浪费时间和精力。

4. 预测顾客反应

工作人员在与顾客谈话时，要预测顾客的反应。不同的顾客对同样的谈话反应不同，因此，要区分对象，采用不同的接待方法。不分对象、不管顾客反应如何，一股劲地推介产品，常常会弄巧成拙。

相关链接

宠物店顾客分析

一般来说，进宠物店的顾客可分为顾客自己进店消费和顾客携带宠物进店消费两类。

了解顾客最简单、最直接的方式，就是通过顾客的大致年龄、服饰、言谈、身体语言、行为态度等多个因素来分析该顾客的基本情况。

（1）不同年龄段的顾客对生活的认知不同，爱好也有所不同。

（2）服饰能反应顾客的个性特点和消费倾向。

（3）言谈显示顾客喜欢的交流方式。

（4）身体语言表达顾客进店后产生的第一感受，并对感受做出选择，是继续还是离开。

其实，对于宠物店来说，如果顾客携带宠物进店消费，能给店员发挥的空间很大，可以借"宠物"发挥。针对携带宠物进店的顾客，店员除了对宠物主人有基本判断以外，还可以通过宠物品种、年龄、服饰、美容情况、行为表现等信息分析该顾客。得到的信息越多，对后续引导顾客消费越有利。

（1）宠物品种：体现宠物由基因带来的生理需求和行为特点。

（2）宠物年龄：显示现阶段的需求和将来会出现的需求。

（3）宠物服饰：体现顾客的个性与风格、和宠物的关系。

（4）宠物美容情况：体现顾客对宠物的重视程度、消费倾向和能力。

（5）宠物行为表现：显示宠物和顾客的互动关系、宠物的性格和潜在的行为问题。

当然，这些信息集成的前提是店员本身不仅要拥有足够的知识，还要充分了解店内的商品，这样才能迅速将顾客需求对应到店内产品和服务上，有根据地推荐产品和服务。这是获得顾客信任的关键。

第二节 面面俱到，提供优质服务

在这个服务为王的时代，优质的服务是留住顾客的重要方法，更不必说宠物店是以服务为生存之道的店铺。想要自己店铺的服务比其他店铺更好，就要做到面面俱到，为顾客提供优质的服务。

一、提供个性化服务

个性化服务不仅能提升宠物店的服务质量，还能帮助宠物店树立良好的品牌形象，在竞争激烈的市场中脱颖而出。通过提供个性化服务，宠物店可以更好地满足顾客的需求，提升顾客的满意度和忠诚度。了解宠物和宠物主人的需求，定制护理计划、产品选择和训练课程等服务，可以为每只宠物提供最合适的服务。

宠物店可以从图10-2所示的几个方面来为顾客提供个性化服务。

```
┌─────────────────────────┐  ┌─────────────────────────┐
│ ☑ 了解宠物和宠物主人     │  │ ☑ 定制宠物美容          │
│ ☑ 定制护理计划           │  │ ☑ 定制宠物训练课程      │
│ ☑ 提供专业建议和指导     │  │ ☑ 定制活动和活动包      │
│ ☑ 定制产品选择           │  │ ☑ 跟踪记录              │
│ ☑ 使用预约管理系统       │  │ ☑ 实施顾客关怀计划      │
└─────────────────────────┘  └─────────────────────────┘
```

图 10-2　个性化服务的内容

1. 了解宠物和宠物主人

与顾客建立良好的关系，了解他们的宠物和需求。询问顾客关于宠物的喜好、健康状况、特殊需求等方面的信息，以便为宠物提供个性化服务。

2. 定制护理计划

根据宠物的特点和需求，为每只宠物定制护理计划，确保每只宠物都能得到适合自己的护理。这包括洗澡、美容、趾甲修剪等方面的服务。

3. 提供专业建议和指导

根据宠物的品种、年龄、健康状况等特点，为宠物主人提供专业建议和指导。这包括饮食推荐、运动要求、日常护理等方面的建议。

4. 定制产品选择

根据宠物的需求，为宠物主人推荐适合他们宠物的产品。这包括食品、玩具、床上用品等方面的产品选择。

5. 使用预约管理系统

使用预约管理系统来跟踪每只宠物的预约情况和需求。这样可以提前准备，确保每只宠物都能及时得到个性化服务。

6. 定制宠物美容

根据宠物的品种和宠物主人的要求，为每只宠物提供个性化的美容服务。这包括剪毛、造型等方面的服务。

7. 定制宠物训练课程

根据宠物的性格和训练需求，为其提供个性化的训练课程。这样可以帮助宠物主人解决宠物行为问题，提供相应的训练建议。

8. 定制活动和活动包

根据不同宠物品种及其主人的独特需求，为其定制多样化的活动和专属活动包，比如宠物生日派对、宠物旅行等。这样不仅能丰富宠物的生活体验，还可以拉紧宠物与主人之间的情感纽带，同时显著提升顾客的参与度和满意度。

9. 跟踪记录

建立顾客档案，记录每只宠物的健康状况、护理历史等信息。这样可以更好地了解每只宠物，为它们提供更加个性化的服务。

10. 实施顾客关怀计划

实施顾客关怀计划，通过定期回访、生日祝福等方式与顾客保持联系。关心他们和他们的宠物，并提供相应的支持和建议。

二、提供增值服务

提供增值服务是宠物店提升服务质量和吸引顾客的重要策略。通过提供增值服务，宠物店可以满足顾客更加多样化的需求，提高顾客对店铺的依赖度和忠诚度。这样不仅能够提升店铺的知名度和竞争力，还能够创造更多的收入来源。

宠物店可以从图10-3所示的几个方面来为顾客提供增值服务。

☑ 宠物训练课程	☑ 宠物摄影服务
☑ 宠物托管服务	☑ 宠物配对服务
☑ 宠物健康检查	☑ 送货上门
☑ 宠物饮食计划	☑ 宠物健康保险
☑ 宠物派对等活动	☑ 宠物社交活动
☑ 宠物商品推荐	

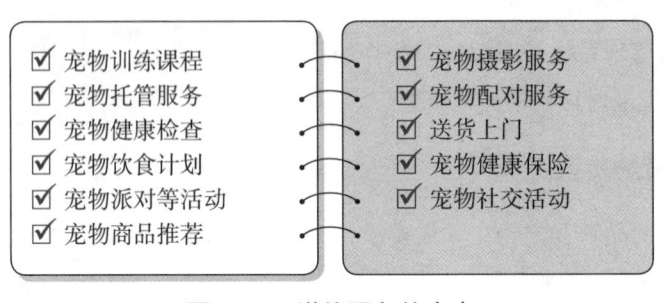

图 10-3　增值服务的内容

1. 宠物训练课程

提供宠物训练课程，帮助宠物主人解决宠物行为问题，并提供基本的听从指令、社交技巧等训练。这可以提高顾客对宠物店的信任度和忠诚度。

2. 宠物托管服务

为宠物主人提供宠物托管服务，包括日托、夜托和长期托管等。这可以解决宠物主人外出期间无法照顾宠物的问题，让宠物主人感到安心和便利。

3. 宠物健康检查

与兽医合作，为宠物提供定期健康检查和疫苗接种等服务。这可以帮助宠物主人及时发现宠物健康问题，采取相应的治疗措施。

4. 宠物饮食计划

根据宠物的健康状况和特殊需求，为宠物主人提供定制的宠物饮食计划和营养咨询。这可以帮助宠物主人为宠物选择合适的食品，以保持宠物的营养均衡。

5. 宠物派对等活动

定期举办宠物派对、比赛、讲座等活动，提高顾客参与度和互动性。这可以提升顾客对宠物店的关注度，以及店铺的知名度。

6. 宠物商品推荐

根据宠物的品种、年龄、健康状况等特点，为宠物主人推荐适合他们宠物的商品。这包括食品、玩具、床上用品等方面的商品选择。

7. 宠物摄影服务

提供专业的宠物摄影服务，为宠物主人记录宠物的美好时刻。这可以为宠物主人留下珍贵的回忆，同时增加店铺收入。

8. 宠物配对服务

根据顾客的需求和宠物的特点，帮助顾客选择适合他们家庭和生活的宠物。这可以帮助宠物更好地适应主人的家庭和生活。

9. 送货上门

提供送货上门服务，方便宠物主人购买宠物用品和食品。这可以节省宠物主人的时间和精力，同时增加店铺的销售额。

10. 宠物健康保险

与保险公司合作，为宠物主人提供宠物健康保险服务。这可以帮助宠物主人为宠物提供更全面的医疗保障，同时增加店铺的收入来源。

11. 宠物社交活动

组织宠物社交活动，如狗狗聚会、猫咪交流会等。这可以增进宠物和宠物主人的交流、互动，增强顾客对店铺的归属感和忠诚度。

> **温馨提示**
>
> 宠物店应根据顾客需求和市场趋势，选择适合自身特点和资源条件的增值服务，确保提供高质量和专业化的服务。

三、定期举办活动

定期举办活动不仅是宠物店吸引顾客、加强与顾客的互动和提升店铺知名度的有效方式，也是为顾客提供优质服务的有效措施。宠物店可以定期举办的活动如图10-4所示。

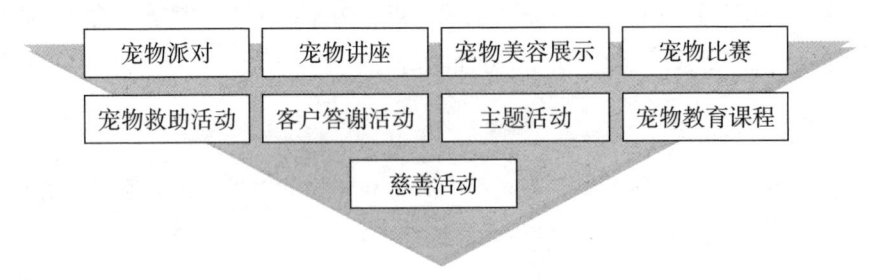

```
宠物派对    宠物讲座    宠物美容展示    宠物比赛
宠物救助活动  客户答谢活动  主题活动      宠物教育课程
                    慈善活动
```

图10-4　宠物店可定期举办的活动

1. 宠物派对

定期举办宠物派对，邀请顾客带着自己的宠物一起参加。可以设置游戏、比赛、抽奖等环节，增强互动性和娱乐性。

2. 宠物讲座

邀请专业人士来店内做宠物讲座，分享关于宠物健康、护理、训练等方面的知识。这可以提供有价值的信息给顾客，并提升店铺的专业形象。

3. 宠物美容展示

邀请专业美容师在店内进行宠物美容展示，展示不同品种宠物的美容技巧和造型设计。这可以吸引顾客观看，并激发他们对美容服务的兴趣。

4. 宠物比赛

举办宠物比赛，如最可爱宠物大赛、最时尚宠物造型大赛等。这可以提高顾客的参与度和互动性，并提升店铺知名度。

5. 宠物救助活动

与当地宠物救助组织合作举办宠物救助活动，为流浪动物提供救助和领养服务。这可以展示店铺的社会责任感，并获得更多关注和支持。

6. 客户答谢活动

定期举办客户答谢活动，为忠实顾客提供特别优惠或礼品。这可以表达对顾客的感谢之情，并提升他们对店铺的忠诚度。

7. 主题活动

根据不同主题策划特定的宠物活动，如圣诞主题派对活动、夏日水上乐园活动等。这可以增加活动的趣味性和吸引力。

8. 宠物教育课程

推出宠物教育课程，如宠物急救课、宠物营养课等。这可以提供有益的知识给顾客，并提升店铺的专业形象。

9. 慈善活动

定期举办慈善活动，为当地宠物救助组织或其他慈善机构筹集资金和物资。这可以展示店铺的社会责任感，并获得更多关注和支持。

宠物店定期举办活动的注意事项

（1）根据顾客需求和市场趋势，选择适合自己店铺特点和资源条件的活动，并确保活动的执行能够达到预期效果。

（2）可与相关行业或品牌进行合作，共同举办活动。例如，与宠物食品公司合作举办宠物美食节、与宠物服装品牌合作举办宠物时装秀等。这可以增加活动的吸引力和专业性。

（3）为参与活动并提供反馈意见的顾客提供特别奖励或优惠。这可以鼓励顾客积极参与，有利于建立良好的客商关系。

（4）为参与活动的顾客提供有吸引力的奖品和礼品。这可以激发顾客对活动的兴趣，并提高顾客参与度。

（5）为参加活动的顾客提供预约系统，以确保活动有序进行并控制人数。这可以避免拥挤和混乱，为顾客提供更好的服务体验。

（6）在活动结束后，收集参与者的反馈意见和建议。这可以帮助店铺了解顾客对活动的评价，以改进未来的活动策划方案。

（7）根据顾客反馈和活动效果，不断改进活动的策划方案。这可以提高活动的质量和吸引力，并提升顾客对店铺的满意度。

四、关注顾客体验

通过关注顾客体验，宠物店可以提升服务质量、顾客满意度，并建立良好的口碑。宠物店可以参考如图10-5所示的建议来关注顾客体验。

提供温馨舒适的环境	提供快速高效的服务	保证产品质量	收集顾客反馈
快速响应问题	提升顾客参与度	培训员工	持续改进

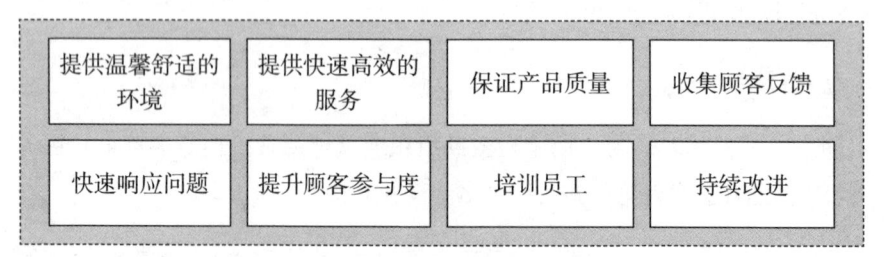

图10-5　关注顾客体验的建议

1. 提供温馨舒适的环境

温馨舒适的环境，可以让顾客和宠物感到放松和愉快。提供舒适的座位、干净整洁的空间，并确保店内温度、湿度等因素符合宠物舒适度要求。

2. 提供快速高效的服务

提供快速高效的服务，尽量减少顾客等待时间。例如，设置预约系统、增加工作人员数量等措施可以确保顾客及时得到所需服务。

3. 保证产品质量

只销售高质量、安全可靠的宠物产品。确保产品符合相关标准和法规，并提供明确的产品说明书。

4. 收集顾客反馈

定期收集顾客的反馈意见和建议。可以通过问卷调查、在线评价、面对面交流等方式了解顾客对店铺服务的满意度和改进建议。

5. 快速响应问题

对于顾客提出的问题，要及时回应并解决。确保有专人负责处理顾客问题，并建立有效的沟通渠道。

6. 提升顾客参与度

鼓励顾客积极参与店铺的各项活动以及社交媒体互动，如邀请顾客参与策划店铺的抽奖活动、邀请顾客在店铺社交媒体平台上分享他们的宠物照片等。这些举措不仅能有效增强顾客的参与感，还能进一步提高他们对店铺的忠诚度，建立长期稳定的客商关系。

7. 培训员工

定期培训店员，丰富和提升他们的专业知识和服务技能。确保他们了解宠物产品、宠物健康护理知识，并能够为顾客提供准确的建议和帮助。

8. 持续改进

根据顾客反馈和市场需求，不断改进店铺服务和经营策略。关注顾客体验的变化和趋势，及时调整和优化店铺的服务模式和产品选择。

第三节
售后服务，做到周到细致

良好的售后服务能够增强顾客对产品的信任感和满意度，提升顾客忠诚度，进而促进销售业绩的增长。同时，售后服务也是宠物店与顾客建立良好关系的重要环节，对店铺树立良好的品牌形象起到关键作用。

一、建立售后服务渠道

宠物店可以建立多种售后服务渠道，以便顾客能够方便地联系到店铺并获得帮助。图10-6所示是一些常见的宠物店售后服务渠道。

售后服务热线	在线客服	电子邮件
社交媒体平台	售后服务柜台	售后服务网站
宠物社区论坛	私人订阅通道	产品包装和说明书

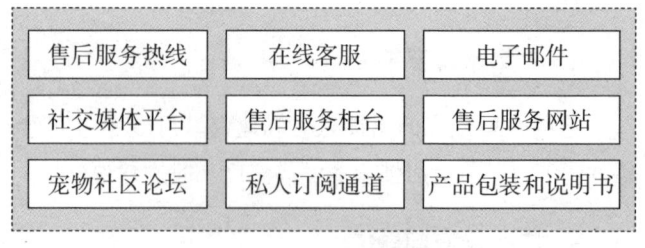

图10-6 售后服务渠道

1. 售后服务热线

设立售后服务热线，顾客可以通过拨打电话与店铺的售后服务人员进行沟通和咨询。确保热线电话号码在店铺官方网站、产品包装和其他宣传材料上明确标示。

2. 在线客服

设置在线客服功能，顾客可以通过宠物店的网站或移动应用程序与售后服务人员进行实时交流。这种方式方便快捷，能够及时解答顾客的问题。

3. 电子邮件

提供电子邮件地址，顾客可以通过发送电子邮件与售后服务人员联系。这种方式适用于一些较为复杂或需要提供详细信息的问题。

4. 社交媒体平台

在社交媒体平台上建立官方账号，及时回应顾客在评论区和私信中提出的问题和反馈。这样可以加强与顾客的互动，并展示店铺对售后服务的重视。

5. 售后服务柜台

店铺应该设立专门的售后服务柜台或区域，方便顾客进行咨询和办理退换货等手续。

6. 售后服务网站

在宠物店的官方网站设立售后服务专区，提供常见问题解答、退换货流程说明、联系方式等信息。顾客可以在网页上找到所需的帮助和信息。

7. 宠物社区论坛

参与宠物社区论坛，回答顾客在论坛上提出的问题。这样可以扩大店铺的影响力，并与潜在顾客建立联系。

8. 私人订阅通道

为顾客提供私人订阅通道，如短信或电子邮件订阅。通过定期发送产品更新、促销活动或宠物护理建议等信息，保持与顾客的联系。

9. 产品包装和说明书

在产品包装和说明书上提供售后服务联系方式等信息，以便顾客能够方便地联系到店铺的售后服务团队。

二、提供产品保修服务

宠物店可以通过提供产品保修服务来确保顾客在购买宠物产品后的权益和满意度。具体做法如图10-7所示。

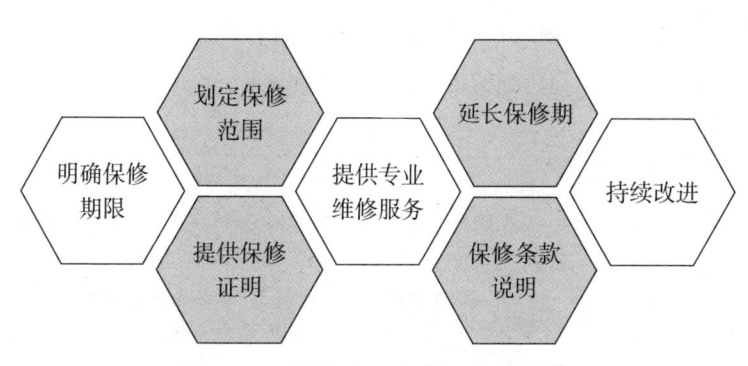

图 10-7 提供产品保修服务的做法

1. 明确保修期限

确定每个宠物产品的保修期限，并在销售时向顾客明确说明。通常，保修期限根据产品类型和品牌而有所不同。

2. 划定保修范围

明确规定哪些问题或故障属于保修范围，以及哪些情况不在保修范围内。例如，人为损坏和不正确使用而导致的问题不在保修范围内。

3. 提供保修证明

为每个销售的宠物产品提供有效的保修证明，如发票、收据和保修卡。这样可以方便顾客在需要时提供相关证据。

4. 提供专业维修服务

为需要维修的宠物产品提供专业、高效的维修服务。建立与厂商或维修中心的合作关系，确保顾客购买的产品可以及时得到维修。

5. 延长保修期

对于某些高端或特定品牌的宠物产品，可以提供额外的保修期延长服务。这可以增强顾客对产品质量的信心，并提高他们的满意度。

6. 保修条款说明

向顾客清楚地解释保修条款和条件，包括如何申请保修，维修所需时间、费用等。确保顾客了解他们在购买产品时享有的权益。

7. 持续改进

根据顾客反馈和市场需求，不断改进产品质量和售后服务。关注顾客需求的变化和趋势，及时调整和优化店铺的售后服务模式和流程。

> **温馨提示**
>
> 通过提供产品保修服务，宠物店可以增强和提升顾客对产品的信心和满意度。关键是明确保修期限和范围、制定退换货标准、提供专业的维修服务，以及向顾客清楚地解释保修条款和条件。同时，通过售后咨询和定期回访，了解顾客的需求和反馈，以不断改进产品质量和售后服务。

三、制定退换货标准

宠物店可以制定明确的退换货标准,以便顾客在购买宠物产品后能够进行退换货。具体做法如图10-8所示。

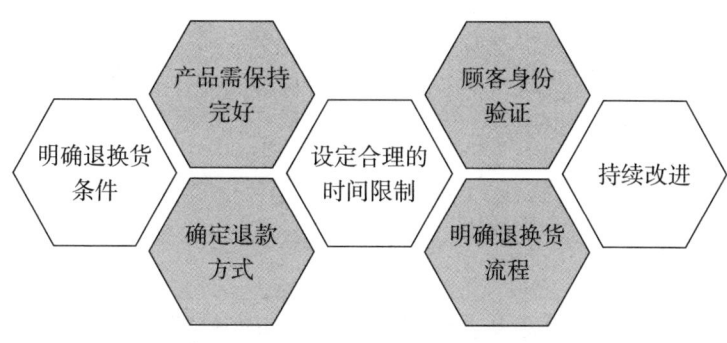

图 10-8 制定退换货标准的做法

1. 明确退换货条件

明确规定哪些情况下可以进行退换货,如产品有破损、质量问题、尺寸不合适等。同时,也要明确哪些情况下不接受退换货,如人为损坏、超过一定时间限制等。

2. 产品需保持完好

要求顾客在退换货时保持产品完好并提供原始包装和配件。这样可以确保产品能够重新销售或进行维修。

3. 确定退款方式

确定退款方式,如原路退回支付方式、提供商店礼品卡、提供现金退款等。确保顾客能够方便地选择适合自己的退款方式。

4. 设定合理的时间限制

设定合理的时间限制,规定顾客在一定时间内提出退换货申请。这可以避免由过长时间而导致的纠纷和争议。

5. 顾客身份验证

要求顾客提供购买凭证和身份验证信息,确认其为合法的购买者,以避免欺诈事件的发生。

6. 明确退换货流程

明确规定退换货的具体流程，包括顾客需要填写的表格、退回产品的方式和地址等。确保顾客能够顺利地办理退换货手续。

7. 持续改进

根据顾客反馈和市场需求，不断改进退换货标准和售后服务。

相关链接

顾客要求退换货时，该如何处理

店铺在处理顾客退换货事件时，除按照一定的退换货标准和流程进行外，还要做到从顾客的立场出发去思考问题，同时应根据不同的情况区别对待。

1. 从顾客的立场出发

从顾客的立场出发，需要店员做到以下几点：

（1）保持微笑，有礼貌、有耐心地查询及聆听对方退换货原因。

（2）礼貌地请顾客出示凭证，检查顾客带回的货品，如符合要求，按照退换货处理原则办理手续。

（3）对新取的货品，应请顾客检查质量。

2. 分清情况，区别对待

宠物店在为顾客处理退换货时，应根据不同的情况，区别对待，具体做法如下：

（1）属商品质量问题的次品，要马上向顾客道歉并按顾客要求予以退换。

（2）属顾客自身原因，按规定退换，同时介绍本店的其他商品或相关商品。

（3）因店员语言粗鄙或态度恶劣而引起的退货，店主要出面诚恳地道歉，尽量取得顾客的谅解，避免矛盾升级，减少店铺损失。

（4）顾客恶意索赔时，要以正当理由坚决拒绝。

并非所有的顾客退换货都是因为质量问题，也有一些顾客是恶意索赔的，店主一定要谨慎判断，避免店铺遭受损失。

四、提供售后咨询

售后咨询是宠物店提供给顾客的重要服务，可以帮助顾客解决在使用宠物产品或护理宠物过程中遇到的问题，提高他们对店铺的满意度。一些宠物店如何提供售后咨询的建议如图10-9所示。

☑ 提供多种咨询渠道
☑ 培训专业人员
☑ 解答常见问题
☑ 提供详细说明书或使用指南
☑ 定期培训，更新知识和技能

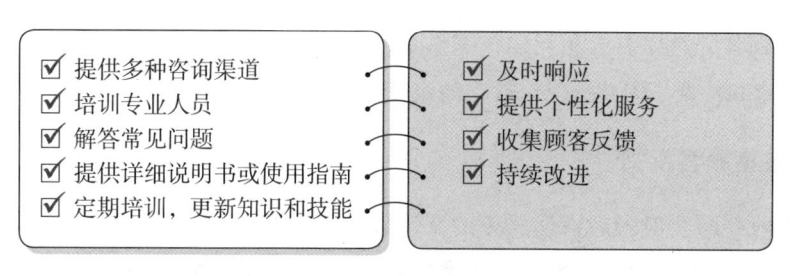

☑ 及时响应
☑ 提供个性化服务
☑ 收集顾客反馈
☑ 持续改进

图 10-9　提供售后咨询的建议

1. 提供多种咨询渠道

为顾客提供多种咨询渠道，如售后服务热线、在线客服、电子邮件和社交媒体平台。确保顾客能够方便地联系到店铺并得到及时的帮助。

2. 培训专业人员

培训专业的售后咨询人员。他们应该具备丰富的宠物知识和经验，能够解答顾客的各种问题；他们应该友善、耐心地与顾客沟通，为其提供准确和有用的建议。

3. 解答常见问题

整理和归纳常见的宠物问题，为售后咨询人员提供相应的解答。这样可以提高售后咨询人员的工作效率，确保顾客能够得到一致和准确的回答。

4. 提供详细说明书或使用指南

为销售的宠物产品提供详细的说明书或使用指南，内容包括产品功能、使用方法、注意事项等。这可以帮助顾客更好地了解和使用产品，减少他们的疑问和困惑。

5. 定期培训，更新知识和技能

定期为售后咨询人员提供培训，更新他们的宠物知识和技能。随着宠物行业的快速发展，新的产品和技术不断涌现，售后咨询人员需要紧跟最新的发展趋势。

6. 及时响应

确保售后咨询人员能够及时回应顾客的咨询,并尽快解决他们的问题。顾客通常希望得到快速的帮助,因此及时响应是非常重要的。

7. 提供个性化服务

根据顾客的具体需求和问题,提供个性化的解决方案和建议。每个宠物都有其独特的需求和特点,因此提供个性化的服务可以更好地满足顾客的需求。

8. 收集顾客反馈

定期收集顾客对售后咨询服务的反馈意见和建议。可以通过问卷调查、在线评价、面对面交流等方式了解顾客对店铺售后咨询服务的满意度和改进建议。

9. 持续改进

根据顾客反馈和市场需求,不断改进售后咨询服务和经营策略。

五、开展顾客培训

宠物店的顾客培训是为了帮助顾客更好地照顾和护理他们的宠物而提供的相关知识和技能培训。宠物店开展顾客培训的内容和方式如图10-10所示。

☑ 宠物基础知识培训	☑ 宠物健康护理培训
☑ 宠物训练培训	☑ 宠物急救知识培训
☑ 宠物饲料和营养培训	☑ 宠物产品使用指导
☑ 宠物居家安全培训	☑ 宠物疾病防治知识讲座

图10-10 顾客培训的内容和方式

1. 宠物基础知识培训

为顾客提供不同宠物品种饲养要求、健康护理等方面的基础知识。这有助于顾客了解如何选择适合自己的宠物,以及如何为宠物提供适当的饮食、住所和日常护理。

2. 宠物训练培训

教导顾客如何正确管理和训练他们的宠物,涵盖基本指令训练、社交技能培养以及行为问题解决方案等方面的内容。这可以帮助顾客与宠物建立良好的关系,增强宠物的幸福感。

3. 宠物饲料和营养培训

向顾客介绍不同类型的宠物饲料，并解释其营养成分和适用情况。教他们如何正确选择和喂养适合自己宠物需求的食品，以确保其健康成长。

4. 宠物居家安全培训

教顾客如何在家中创造一个安全舒适的环境，以防止宠物受伤或其他问题发生，培训内容包括宠物安全区域、危险物品的存放和宠物逃脱预防等方面。

5. 宠物健康护理培训

向顾客介绍宠物的常见健康问题和护理需求。教他们如何正确地为宠物清洁、梳理、洗澡和修剪趾甲，以及如何安排宠物做健康检查和预防接种。

6. 宠物急救知识培训

教顾客一些基本的宠物急救知识，如心肺复苏、止血、骨折处理等知识。这可以让他们在紧急情况下对宠物提供及时的救助，保护宠物的生命安全。

7. 宠物产品使用指导

为顾客提供所购买产品的使用指导，包括饲料、玩具、猫狗厕所等产品的使用指导。确保顾客能够正确使用产品，并充分发挥其功能。

8. 宠物疾病防治知识讲座

定期组织宠物疾病防治知识讲座，邀请专业兽医或宠物护理专家分享相关知识和经验。顾客可以通过参加讲座学习更多关于宠物疾病防治的知识。

通过为顾客提供全面的宠物照顾与护理培训，助力他们更有效地关爱自己的宠物，宠物店不仅能显著提升顾客对店铺的满意度，还能有效提高顾客的忠诚度，促进良好口碑的传播。为此，宠物店需要建立持续学习的机制，确保培训内容定期更新。同时，通过反馈渠道积极收集顾客对培训效果的评估，以便不断优化培训计划和教学方式，从而更好地服务每一位顾客。

六、定期回访

定期回访是宠物店与顾客保持联系并了解他们对产品和服务的满意度的重要方式。一些关于宠物店如何进行定期回访的建议如图10-11所示。

- ☑ 确定回访频率
- ☑ 选择合适的回访方式
- ☑ 提前告知顾客
- ☑ 了解顾客满意度
- ☑ 解决问题和投诉

- ☑ 提供优惠或奖励
- ☑ 收集建议和改进措施
- ☑ 更新顾客信息
- ☑ 提供个性化服务
- ☑ 持续改进

图 10-11　进行定期回访的建议

1. 确定回访频率

根据顾客购买产品的时间、产品类型和顾客需求确定合适的回访频率。一般来说，可以选择每个月、每季度或每半年进行一次回访。

2. 选择合适的回访方式

根据顾客偏好和习惯，选择合适的回访方式。可以通过电话、电子邮件、短信和社交媒体等渠道进行回访。

3. 提前告知顾客

在进行定期回访之前，告知顾客并确认他们是否愿意参与。这样可以确保他们有足够的时间准备，并提高其参与度。

4. 了解顾客满意度

在回访中询问顾客对宠物产品和服务的满意度。可以通过提出具体问题或使用评分表格的方式来收集反馈信息。了解他们对产品质量、售后服务、员工态度等方面的评价。

5. 解决问题和投诉

如果顾客在回访中提出问题或投诉，要及时响应并采取措施解决。确保顾客的问题得到妥善处理，增强和提升他们对店铺的信任感和满意度。

6. 提供优惠或奖励

在回访中可以提供一些优惠或奖励，以感谢顾客的参与和反馈。这可以提高顾客的参与度，以及他们对店铺的忠诚度。

7. 收集建议和改进措施

在回访中询问顾客对店铺的建议和改进措施。这可以帮助店铺了解顾客需求和期望，并根据顾客反馈进行相应的改进。

8. 更新顾客信息

在回访过程中更新顾客的联系信息，包括但不限于电话号码、电子邮件地址等关键信息。这样做能够确保店铺与顾客保持紧密联系，及时向他们传达最新的产品信息、服务动态信息以及吸引人的优惠活动信息，从而提升顾客满意度与忠诚度。

9. 提供个性化服务

根据回访中收集到的信息，为每个顾客提供个性化服务。根据他们的宠物喜好、需求和特点，提供相应的建议和推荐。

10. 持续改进

根据回访结果和反馈意见，不断改进产品质量、售后服务和经营策略。关注顾客需求的变化和趋势，及时调整和优化店铺的经营模式和流程。

温馨提示

通过提供优质的售后服务，宠物店能够显著提升顾客满意度，建立良好的口碑，提高顾客的忠诚度。优质的售后服务，关键在于制定清晰明确的售后方案并严格执行，确保顾客在遇到问题时能够得到及时解决。此外，建立高效的沟通渠道，使顾客能够轻松表达需求和反馈意见，这也是至关重要的。同时，宠物店只有多方收集顾客的反馈，持续努力改进售后服务工作，才能不断提升售后服务的质量和顾客的满意度。

优质的售后服务令顾客满意

张女士在××宠物店购买了一只两个月大的金毛幼犬,名叫毛毛。购买时,宠物店提供了详细的宠物饲养指南,并且承诺提供售后服务。

购买后的第二天,张女士发现毛毛有些食欲不振,并且精神状态不佳。她立即联系了××宠物店的售后服务团队。售后服务团队的专业人员为张女士提供了远程咨询服务,并指导她观察毛毛的症状。

由于远程咨询无法确定具体原因,售后服务团队建议张女士带毛毛到店进行详细检查。张女士带着毛毛来到宠物店后,店员对毛毛进行了全面的健康检查,发现毛毛有轻微的消化不良。

宠物店的专业兽医为毛毛制定了治疗方案,包括调整饮食和服用消化药物。同时,店员还为张女士提供了关于如何照顾消化不良的幼犬的建议和指导。

在治疗期间,售后服务团队定期与张女士联系,询问毛毛的恢复情况,并提供必要的指导和建议。他们还提醒张女士注意毛毛的饮食和日常护理,以确保其健康。

治疗结束后,售后服务团队邀请张女士带毛毛到宠物店进行免费的复查。经过复查,兽医确认毛毛已经完全康复,并给出了进一步的饲养建议。

张女士对××宠物店的售后服务表示非常满意。她表示,售后服务团队专业、及时和贴心的服务让她感到非常安心和放心。她特别感谢店员和兽医的帮助,让毛毛能够迅速恢复健康。

通过提供健康检查、治疗、持续跟进以及免费复查等服务,宠物店确保了宠物的健康和宠物主人的满意。这种优质的售后服务不仅提升了顾客对宠物店的信任度,还为宠物店赢得了良好的口碑和更多的回头客。

第四节
顾客投诉，必须迅速处理

处理顾客投诉是售后服务的日常工作之一。如果不及时处理，顾客投诉所带来的负面影响会迅速扩散，因此宠物店必须在其造成不良影响之前处理完毕。

一、引起顾客投诉的原因

一般来说，引起顾客投诉的原因如图10-12所示。

原因一：应对不得体。如不管顾客的反应，一味地推荐商品，或只顾自己聊天，不理会顾客的招呼；在为顾客提供服务后，顾客不买，马上就板起脸；说话没有礼貌、过于随便等

原因二：销售方式不当。如硬性推销，强迫顾客购买商品；对于商品的相关知识了解不够，无法准确答复顾客的询问

原因三：商品标识与内容不符。如标签上标示有5个饰品，回家拆开包装后发现是4个；明明写着净重5千克，实际却只有4.75千克；价格标牌上写的是一种价格，但扫描显示是另一种价格等

原因四：收银问题。如少给顾客找零钱、多收顾客的钱、收银速度太慢等

原因五：不遵守约定。如顾客按照约定的时间来给宠物美容却发现美容师不在等

原因六：运送不当。如送货不及时、送货途中损坏商品等

图 10-12　引起顾客投诉的原因

二、正确对待顾客的投诉

顾客的投诉是珍贵的情报和财富，宠物店必须非常重视。下面介绍几个正确对待顾客投诉的方法。

1. 了解详情

有些顾客的投诉可能具有攻击性，令你感到难堪，但他们能告诉你一些你不知道的信息。这些信息可能有助于改进宠物店的选品或所提供的服务，所以，尽量向他们询问详细情况。

2. 认清事实

所有投诉都含主观成分，顾客不会知道你在工作上付出了多少心力，当你认清这个事实时，就可以心平气和地听取别人的意见。

3. 耐心倾听

没等顾客说完就急着为自己辩护，无疑是火上浇油。应该先让顾客说完，再做回应。

4. 重点反击

不要对顾客的每点意见都做辩驳，宜集中处理最主要的冲突源头。

5. 冷静忍让

虽然有时候顾客也有不对之处，但你不宜进行反投诉，否则事情只会越弄越糟。

6. 正襟危坐

如果你是面对面处理顾客的投诉，请注意你的身体语言。

7. 正面回答

听完投诉后，要对错误做出正面的回应，如"多谢您的意见，我们会作为参考"。

三、处理顾客投诉的方法

宠物店在经营过程中，难免会遇到顾客投诉的情况。此时，店主应认真对待、谨慎处理，具体措施与方法如下：

1. 处理商品质量问题

若顾客购买的商品质量不好或是假冒伪劣商品，则说明店铺没有把好关，负有不可推卸的责任。处理此类投诉时，店主要先向顾客真心实意地道歉，再按店铺承诺给予赔偿，同时赠送新商品及一份小礼品作为补偿。

2. 处理顾客使用不当的情况

如果是商品销售时工作人员对商品的说明不够准确，没有讲清楚使用方法或者卖了不适合顾客使用的商品而导致破坏性损失，店铺要承担部分责任。无论怎样，只要错误的原因在店铺一方，店铺就一定要向顾客诚恳地道歉，并以新商品换旧商品作为补偿办法。若是新商品换回旧商品后仍然不能弥补顾客所蒙受的损失，则应采取一定措施予以适当的补偿和安慰。

3. 处理顾客误会

如果是因顾客误会而产生的投诉，工作人员一定要平静、仔细地把事情的原委告诉顾客，让顾客了解真实情况；但也要注意不要把话讲得太明，否则顾客容易因下不了台而恼羞成怒。

4. 处理接待服务不当的情况

由于工作人员服务态度不佳而产生的顾客投诉，并不像商品质量问题那样具体而有明确的证据，而且即使是同样的待客态度，也可能因顾客不同而产生不同的结果。因此，店主在处理时要仔细倾听顾客的陈述，向顾客保证今后一定加强对工作人员的培训，不让类似的情形发生；店主还应陪同引起顾客不满的工作人员一起向顾客赔礼道歉，以期得到顾客的谅解；店主也要督促工作人员改进服务。

5. 处理不讲理顾客的投诉

在处理顾客投诉的过程中，我们会遇到一些蛮横不讲理的顾客。他们可能大喊大叫、肆意辱骂，甚至表现出潜在的暴力倾向。面对这样的挑战，我们应秉持"耐心、冷静、有理、有节"的原则。

我们需要认真倾听顾客的投诉，努力理解他们的情绪和诉求。在倾听和理解的基础上，我们应清晰、坚定地表达店铺的立场和规定，让顾客明确知道我们的底线和原则。如果顾客的要求超出了店铺能够满足的范围，我们要以礼貌而坚定的态度解释原因。解释时，要注意措辞和语气，避免激化矛盾或引发更大的冲突。同时，根据顾客的具体问题，我们应提供切实可行的解决方案。如果可能的话，提供多种选择方案，让顾客感受到我们对问题的重视和诚意。这样做不仅有助于解决顾客的困扰，还能提升顾客对店铺的信任度和满意度。

在处理顾客投诉的整个过程中，我们都要保持冷静和理智，不受顾客情绪影响。以专业的态度进行有效的沟通，我们可以更好地解决顾客投诉，维护店铺的良好形象。

相关链接

如何正确对待顾客的投诉

在处理顾客投诉时，一定要让顾客把他心里想说的话说完，这是最基本的态度，体现出店铺对顾客的重视和尊重。如果不能仔细听顾客的诉说，一味地为自己辩解，中途打断顾客的陈述，使顾客无法充分表达他的意见，则有可能引起顾客更大的反感。

正确的做法是虚心接受，本着"有则改之，无则加勉"的原则，让顾客充分地倾诉他的不满。这样可以让顾客在精神上得到放松，正所谓"不吐不快"。如果一直打断顾客说话，就容易使其产生反感情绪，甚至导致过激行为的发生。

"推心置腹，将心比心。"店主在接受顾客投诉时，要站在顾客的立场上想一想："如果我是顾客，我会怎样做？"因此，必须注意要从顾客的角度考虑，理解顾客不满意所表现出的失望、愤怒、沮丧甚至痛苦等情绪，理解他们会在某种程度上责备经营管理者。

具体来说，他们希望经营管理者或服务人员能做好以下工作：认真听取和严肃对待他们的意见；了解他们不满意的问题及原因；对不满意的商品和服务予以退换或赔偿；急他们之所急，迅速处理问题；对他们表示同情和尊敬；惩罚服务出现问题的工作人员；向他们保证类似问题不会再发生。

总之，对顾客的投诉，我们一定要诚心诚意地表示理解和同情，坦承己方的过失，绝不能站在店铺或同事一方，开脱责任。实际上，在投诉处理中，一句体贴、温暖的话语，往往能起到化干戈为玉帛的作用。

第五节
顾客信息，及时整理归档

对于店铺经营而言，收集和分析顾客信息以了解自己与竞争对手在销售和服务中的差别是非常重要的。通过这些分析，店铺可以更好地满足顾客需求、提升顾客满意度，从而增强竞争力。因此，怎样收集、管理和使用顾客信息，在某种程度上影响着店铺经营的成败。

一、顾客信息管理的内容

顾客信息管理的主要内容如表10-1所示。

表10-1　顾客信息管理的主要内容

序号	信息类型	主要内容
1	基础信息管理	记录顾客的姓名、性别、年龄、联系方式（如电话、电子邮箱等）、家庭住址等基本信息。这些信息是建立顾客档案的基础
2	宠物信息管理	记录顾客所养宠物的基本信息（如品种、年龄、健康状况、疫苗接种情况等）以及宠物的养护情况和需求
3	购买记录管理	详细记录顾客的购买历史，包括购买时间、所购产品、购买数量、消费金额等信息。这有助于分析顾客的购买习惯和消费偏好
4	互动记录管理	记录与顾客的每一次互动，包括咨询、投诉、建议、反馈等。这些记录有助于了解顾客对宠物店服务的满意度和改进方向

二、顾客信息收集的渠道

在信息技术高度发展的今天，掌握一定数量的顾客信息，可以更好地了解顾客类型及其消费心理，引导顾客的消费行为，从而销售更多商品，提升销售业绩。店铺要做到像了解商品一样了解顾客，像了解库存变化一样了解顾客的变化。顾客信息收集越完整，为店铺经营助力的空间越大。

店主可通过表10-2所示的渠道来收集顾客的信息。

表 10-2　收集顾客信息的渠道

序号	收集渠道	具体说明
1	会员注册	在顾客首次到店消费时，可以邀请他们注册成为会员。在注册过程中，可以收集顾客的姓名、联系方式（如电话、电子邮箱）、住址以及宠物的基本信息（如宠物品种、名字等）。店铺可以通过为会员提供专属优惠、积分累积、生日礼物等福利，增强顾客注册成为会员的意愿
2	信息表填写	在店内设置纸质或电子版的顾客信息表，供顾客自愿填写。表格内容可以包括顾客基本信息和消费偏好、宠物信息等。店员可以在顾客结账时或购物过程中引导顾客填写信息表，解释信息将如何使用，并强调信息安全和隐私保护
3	POS系统与CRM软件	（1）利用POS系统（销售时点信息系统）在顾客购物时自动记录消费金额等信息。这些信息可以作为后续分析和关怀顾客的基础 （2）将POS系统与CRM（客户关系管理）软件集成，以便在录入顾客信息时自动更新CRM软件中的数据。CRM软件拥有强大的数据分析和顾客管理能力
4	社交媒体互动	通过社交媒体平台（如微信、微博、抖音等）与顾客互动，收集他们在社交媒体上分享的关于宠物店或宠物的信息。同时，也可以鼓励顾客在社交媒体平台上留下评论和反馈
5	在线问卷与调查链接	通过电子邮件、社交媒体和店内二维码等方式向顾客发送在线问卷或调查链接，收集他们对产品和服务的满意度、需求和建议
6	店员沟通	店员在顾客购物过程中可以主动与其沟通，了解他们的需求和偏好，并适时请他们留下联系方式以便后续跟进
7	门店观察	通过观察顾客在店内的行为（如浏览的商品、询问的问题等），可以间接了解他们的兴趣和需求。这些信息可以作为制定个性化营销策略的依据

三、顾客信息的维护

1. 定期更新

顾客的联系方式、宠物信息等可能会随着时间的推移而发生变化。因此，宠物店需要定期与顾客保持联系，核实并更新顾客信息，以确保信息的准确性和时效性。

2. 确保信息安全

做好顾客信息安全防护工作，防止信息泄露和非法访问等事件的发生。可以采用加密存储、访问控制等安全措施来保护顾客信息的安全。

3. 保护顾客隐私

在收集和使用顾客信息的过程中，宠物店应严格遵守相关法律法规，确保顾客的个人隐私得到妥善保护。未经顾客同意，不得将顾客信息泄露给第三方。

四、顾客信息的应用

店主可运用数据分析工具对顾客信息进行深入挖掘和分析，识别出顾客群体的消费特征和消费趋势，为精准营销和服务优化提供数据支持。

1. 精准营销

通过分析顾客信息，店主可以了解顾客的购买习惯和偏好，并制定出个性化的营销策略。比如，针对经常购买宠物食品的顾客推送相关宠物食品的优惠信息，针对有寄养需求的顾客介绍店铺的寄养服务，等等。

2. 服务优化

通过分析顾客信息，店主可以了解顾客对产品和服务的反馈意见，从而及时发现并改进存在的问题。同时，还可以根据顾客的需求和建议，不断优化服务流程和产品种类，提升顾客满意度。

> **温馨提示**
>
> 在收集和使用顾客信息时，必须遵守相关法律法规，确保信息使用的合法性和合规性。同时，应明确告知顾客信息的用途和使用范围，并征得顾客的同意。

推荐阅读

明明白白股权，清清楚楚创业！

书名：股权架构：非上市公司股权设计指南
作者：刘建军
书号：978-7-5454-8918-7
定价：58元
出版日期：2024年1月
出版社：广东经济出版社

全方位解读完美创业团队成功的秘诀！

书名：这才叫合伙创业：从携程、如家到华住的启示（升级版）
作者：高慕
书号：978-7-5454-8314-7
定价：72元
出版日期：2022年5月
出版社：广东经济出版社

快手"暴力"涨粉就这么简单！

书名：快手快速涨粉高阶玩法
作者：陈海涛
书号：978-7-5454-8978-1
定价：58元
出版日期：2024年1月
出版社：广东经济出版社

小红书"暴力"涨粉就这么简单！

书名：小红书快速涨粉高阶玩法
作者：向上
书号：978-7-5454-9065-7
定价：58元
出版日期：2023年2月
出版社：广东经济出版社

推荐阅读

360度详解如何打造百万粉丝超级头条号！

书名：头条号涨粉与运营全攻略
作者：郭春光　杨岚
书号：978-7-5454-7467-1
定价：45元
出版日期：2021年2月
出版社：广东经济出版社

玩"赚"农产品直播带货得这么干！

书名：农产品直播带货宝典
作者：汪波
书号：978-7-5454-7935-5
定价：35元
出版日期：2021年10月
出版社：广东经济出版社

玩"赚"服饰产品直播带货得这么干！

书名：服饰产品直播带货宝典
作者：陈海涛
书号：978-7-5454-8735-0
定价：48元
出版日期：2023年5月
出版社：广东经济出版社

玩"赚"美妆产品直播带货得这么干！

书名：美妆产品直播带货宝典
作者：陈海涛
书号：978-7-5454-8790-9
定价：48元
出版日期：2023年7月
出版社：广东经济出版社